Hans Jellouschek

Wie ein Mann zur Liebe findet

Mit Märchen leben

Hans Jellouschek

Wie ein Mann zur Liebe findet

Die Froschprinzessin

Kreuz

Inhalt

Ein zauberhaftes Märchen

Von Angela Seifert

»Die Froschprinzessin« ist in unserem Kulturkreis nicht so bekannt wie die anderen Märchen in dieser Reihe. Es wurde vielleicht noch nicht von vielen als Lieblingsmärchen auserkoren. Es kann jedoch, da es so einfühlsam von meinem Kollegen Hans Jellouschek bearbeitet wurde, für viele zum Lieblingsmärchen avancieren.

Vielleicht gibt es ein anderes Märchen, das Ihnen am Herzen liegt – und es würde mich nicht wundern, wenn es in seiner Grundstruktur der »Froschprinzessin« sehr ähnlich ist – dann nehmen Sie zuerst einmal dieses, um ein wenig Klarheit in Ihre Lebensgeschichte zu bringen – wenn das Ihr Anliegen ist.

In der Transaktionsanalyse, die der amerikanische Psychiater und Psychotherapeut Eric Berne begründet hat, arbeiten wir sowohl mit den Lieblingsmärchen der Kindheit als auch mit den Geschichten, die später im Leben bedeutungsvoll für die/den Betreffende/n geworden sind.

Wenn Sie wollen, können Sie einmal schauen, ob Sie Ihr persönliches Skriptmuster, Ihr Lebensdrehbuch in Ihrem gewählten Lieblingsmärchen oder hier in der »Froschprinzessin« entdecken.

An welche Ereignisse erinnern Sie sich, als Sie vier oder fünf Jahre alt waren? Wie haben Sie sich damals in der Familie, in der Sie aufgewachsen sind, erlebt? Am besten, Sie schreiben erst einmal alles auf, was Ihnen einfällt.

Und wenn Sie noch ein Übriges tun wollen, um Ihrer Skriptgeschichte auf den Grund zu gehen, empfiehlt es sich, bevor Sie weiter lesen und vor allem, bevor Sie das Märchen noch einmal lesen, eine kurze Inhaltsangabe des Märchens aus dem Gedächtnis aufzuschreiben, nach dem, was Sie von diesem Märchen noch erinnern. Sie soll wirklich nur kurz sein, fassen Sie das für Sie Wesentliche in wenigen Sätzen zusammen.

Falls Ihnen darüber hinaus noch ein Buch, Theaterstück, Kinofilm einfällt, das/der Sie in der Zeit der Pubertät, also zwischen 12 und 18 Jahren, sehr beeindruckt hat, schreiben Sie auch eine kurze Zusammenfassung darüber. Und wenn Sie dann noch Lust zu weiteren Recherchen über Ihren unbewussten Lebensplan haben, überlegen Sie, welche Geschichte Ihnen in den vergangenen zwei bis drei Jahren wichtig war und verfahren mit ihr wie mit der Zusammenfassung des Märchens und der Pubertätsgeschichte.

Anschließend können Sie schauen, ob Sie ein gemeinsames Thema zwischen dem Märchen und der Geschichte aus den vergangenen zwei bis drei Jahren entdecken. Das Thema der Pubertätsgeschichte wird auch entweder ähnlich sein, oder es zeigt eine Gegenposition auf. Denn die Adoleszenz ist oft eine Zeit der Rebellion, und da konstelliert sich im Heranwachsenden eine Tendenz, das Alte, Vertraute aufzubrechen, die bis dahin abgelehnte Seite – oft ist es die ureigene, die den Eltern zuliebe unterdrückt wird – in das Verhaltensrepertoire mit aufzunehmen. Die Lieblingsgeschichte aus der Pubertät kann also, falls das Lieblingsmärchen aus der Kindheit und die bevorzugte Lektüre aus jüngster Zeit eine Einseitigkeit und damit eine Einschränkung des Lebendigseins aufweisen, die Lösung beinhalten.

Zu einem »richtigen« Drehbuch für das Theater oder für einen Film gehören ganz bestimmte Rollen:

– die Hauptperson, um die sich das Ganze dreht – in den Märchen Held oder Heldin genannt – diese Rolle teilt das Kind natürlich sich selbst zu;

- der Widersacher/die Widersacherin, der/die das Leben erschwert – im Märchen tritt diese Person meist als böser Zauberer oder als Hexe auf – die das Kind in der Person erlebt, die hauptsächlich seine Spontaneität einschränkt;
- der Retter/die Retterin – z. B. eine gute Fee, ein alter Weiser, oft übernehmen auch hilfreiche Tiere diesen Part –, diese Rolle überträgt das Kind manchmal einer lieben Oma oder einem verständnisvollen Opa, aber auch anderen Menschen, denen es vertrauen kann.
- Dann gibt es auch noch weitere Personen, die unverzichtbar sind, sowie einige Randfiguren, die dazu beitragen, dass die Geschichte unerwartete Verwicklungen erhält, also spannend ist und nicht allzu rasch zu Ende geht.

Und natürlich, das Wichtigste bei jedem spannenden Drehbuch: Es gibt am Schluss etwas zu gewinnen, eine Prinzessin oder einen Königssohn, einen Schatz oder gar das eigene Leben. In diesem Märchen gibt es sehr viel zu gewinnen, aber auch viel zu verlieren. Die Spannung einer Geschichte besteht darin, dass es mittendrin oft so aussieht, als sei dieser Gewinn nicht zu erzielen, als sei er für immer verspielt, als müsste am Ende der Held/die Heldin als Verlierer/Verliererin da stehen. Hier ist es umgekehrt: Es sieht immer wieder so aus, als könnte die Heldin/der Held sehr viel gewinnen, doch am Ende verlieren die beiden alles. Statt sich als Gewinner im Leben einzurichten, machen sie sich zu Verlierern.

Es ist eben wie im richtigen Leben, denn Drehbücher jedweder Art werden nach den Erfahrungen geschrieben, die das Leben liefert.

Gerade in den Geschichten der frühen Kindheit, also im Vorschulalter, wird das Thema des weiteren Lebens besonders eindrucksvoll deutlich. In diesem Alter sind Kinder sehr aufnahmebereit für alles, was um sie herum geschieht, sie beobachten genau die Menschen, mit denen sie zu tun haben, vor allem natürlich Mutter, Vater und Geschwister, und: sie treffen eine, später meist nicht mehr bewusste, Entscheidung. Zum Beispiel kann ein Kind sich sagen: »Ich werde nie mehr meine Gefühle zeigen«, wenn es erlebt hat, dass seine Gefühle nicht ernst genommen werden. Und als Erwachsene/r wird dieser Mensch dann als überwiegend rational denkend oder gar von anderen als gefühlskalt wahrgenommen. Oder ein Kind sieht, dass jemand in der Familie oft krank ist und deswegen besonders viel Aufmerksamkeit erhält. Es kann sich vornehmen: »Ich werde auch oft krank sein, dann kümmern sich die anderen um mich.« Oder – das ist manchmal bei einem Kind der Fall, das als jüngstes in einer Familie aufwächst – es spürt, dass Mama es am liebsten immer bei sich haben, es nicht eines Tages hergeben möchte, dann kann es sich vornehmen: »Ich verlasse Mama nie. Am Besten, ich werde gar nicht wirklich erwachsen.« Daraus wird dann möglicherweise ein Mensch, der auch im Alter noch kindlich wirkt und von anderen Menschen, z.B. in seinen Partnerschaften, auf ungesunde Weise abhängig bleibt.

Wir nennen diese Schlussfolgerung, die das Kind aus dem zieht, was es in der Familie erlebt, – es gibt natürlich noch viele mehr, als die hier kurz geschilderten – seine »Skriptentscheidung«. Sie ist maßgebend für den oft noch unbewussten persönlichen Lebensplan, denn die Gefühlsreaktionen und Verhaltensweisen werden um die entsprechende Entscheidung herum aufgebaut.

Als Vor-Bilder, um so ein »Lebensdrehbuch« innerlich »schreiben« zu können, sucht sich das Kind aus den Geschichten, die es hört, diejenigen aus, die zu seiner jeweiligen Entscheidung passen. Zum Beispiel kann sich ein kleines Mädchen, dem vermittelt wird: »Sei nicht du selbst – sei, wie wir dich haben wollen« mit der »Froschprinzessin«, die in Wahrheit ja eine schöne, weise Frau ist, identifizieren und dieses Märchen dann zu seinem Lieblingsmärchen erklären, weil es darin beschrieben findet, wie es eines Tages seine eigentliche Gestalt zur Geltung bringen kann. Oder ein kleiner Junge leidet darunter, dass ihm immer der Wille des Vaters aufgezwungen wird und er beschließt, später selber stark zu werden und sein Glück auf seine eigene Art zu suchen.

So werden die Märchen und Geschichten für das Kind zu Leitbildern für ein bestimmtes Lebensmuster. Es projiziert sowohl seine innere Not als auch seine Hoffnung, die Möglichkeit der Erlösung, auf die Gestalten, die ihm das Märchen vorstellt.

Wenn man viele Lebensgeschichten kennen lernt, fällt auf, dass es für ein Kind fast immer das Wichtigste ist, die Eltern glücklich machen zu wollen. Die meisten Kinder tun unheimlich viel für Mama und Papa, wobei dann die Tragik des weiteren Lebens darin besteht, dass sie an dieser Aufgabe scheitern. Denn ein Kind kann es nicht machen, dass Mutter und Vater glücklich und gesund sind, dafür können die beiden nur selber sorgen. Zu diesem Zweck kommt das Kind auch nicht auf die Welt. Es wird geboren, um selbst sein Leben zu leben, seinen eigenen Weg zu gehen und sein Glück zu finden. So wie der Held/die Heldin im Märchen.

Was haben Sie getan für Ihre Eltern? Wollten Sie auch, dass Mama zufrieden und Papa stolz war auf die Kleine/den Kleinen? Vielleicht haben Sie darunter gelitten, dass Mama Sie nicht in Schutz genommen hat, wenn Ihnen Unrecht getan wurde, dass sie eigentlich gar nicht wirklich für Sie da war, so wie in diesem Märchen, in dem es weder für den Iwan-Zarewitsch noch für die schöne Wassilissa eine Mutter gibt. Möglicherweise nahmen Sie sich damals vor: »Also gut, dann schaffe ich es eben alleine«, und Sie haben sich angestrengt, in Allem perfekt zu werden, oder Sie haben sich in einer »Froschhaut versteckt« und darauf gewartet, dass jemand kommt und Ihnen Schutz und Sicherheit bietet.

Da kann es natürlich im zarten Kindesalter zur Überforderung oder einer Schwächung der körperlichen und seelischen Abwehrkräfte kommen und die Folge davon könnte sein, dass Sie später im Leben die an Sie gestellten Aufgaben nicht mehr richtig einschätzen können und diese entweder für unlösbar halten, oder Sie sind überzeugt, stets alles, auch das beinahe Unmögliche, schaffen zu müssen.

Wie auch immer – eine Zeitlang macht es im Leben nichts aus, wenn man sich unter- oder überfordert, doch auf Dauer kann beides zu unangenehmen Folgen führen. Zumindest wird der schließliche Lebensgewinn dadurch oft in Frage gestellt. In diesem Märchen dauert es sehr lange, bis Iwan-Zarewitsch seine Liebste erlöst. Ohne seine animalischen Kräfte – die Fähigkeiten in ihm, die den hilfreichen Tieren entsprechen – hätte er es auch nicht geschafft. Und die Gefahr für Wassilissa besteht darin, dass sie ihre Lebenskräfte in einer Depression und Resignation aufgebraucht hätte.

Hier wäre also für Sie die Frage nach Ihren Kräften und Fähigkeiten wichtig. Wissen Sie – realistisch! – um die Energien, die in Ihnen vorhanden sind, also meinen Sie – im übertragenen Sinne – den Weg über dreimal neun Reiche hinter dem dreimal zehnten Zarenreich bewältigen zu können? Oder denken Sie, im Gegenteil, dass sich Anstrengungen doch nicht lohnen und versinken – unerkannt – im »Sumpf von Wehleidigkeit«? Und was geben Sie womöglich von Ihrem Eigenen her, um die Wünsche anderer zu erfüllen? Wassilissa muss ihre Schönheit und Klugheit in einer hässlichen Froschhaut verbergen und Iwan-Zarewitsch steht ganz unter der Fuchtel seines Vaters. Das heißt symbolisch gesehen: Ihr größter innerer Schatz, Ihr schöpferisches Potential bleibt auf der Strecke.

Oder welche Fähigkeiten liegen in Ihnen noch brach? Vielleicht befinden sie sich in Bereichen, in denen eine unendliche Geduld erforderlich ist, die sowohl die verzauberte Wassilissa als auch Iwan-Zarewitsch aufbringen muss, oder wo es um Mitgefühl geht, das Iwan-Zarewitsch den Tieren gegenüber zeigt?

Was auch immer: In diesem Märchen heißt das Thema »Erlösung zum wahren Selbst«. Die Prinzessin will aus ihrer Froschhaut erlöst werden und braucht dazu natürlich auch den richtigen Erlöser. Ihr Instinkt fängt den Pfeil von Iwan-Zarewitsch dafür auf. Ob er aber wirklich derjenige ist, der diese Aufgabe erfüllen kann? Denn er handelt ungeduldig und unüberlegt: Als er sieht, wer in seiner Froschprinzessin verborgen ist, verbrennt er ihre Froschhaut und macht damit die endliche Befreiung fast zunichte.

Es ist wie im richtigen Leben: Die Erlösung zum wahren Selbst zieht sich oft ein ganzes Leben lang hin. Und sie gelingt am Besten mit, bei und über einen intimen Lebenspartner, weil so eine ständige Nähe die Auseinandersetzung bewirkt, die ein vollständiges Abstreifen der falschen Haut ermöglicht.

Ein weiteres Thema ist der »Weg zur Individuation«, den Iwan-Zarewitsch gehen muss. Auch das braucht im Leben oft eine lange Zeit. Es geht immer darum, aus dem Kind-Sein heraus und in das Erwachsenen-Sein hinein zu treten. Wer da nicht über die hierfür erforderliche Geduld verfügt, gerät leicht in Gefahr zu verzweifeln und den Weg nicht bis zum Ende zu gehen.

Wie passt das – Erlösung und Individuation – zu Ihrem persönlichen Lebensthema? Leiden Sie vielleicht sehr darunter, von anderen nicht so gesehen zu werden, wie Sie wirklich sind? Ist es Ihnen ein besonderes Anliegen, bewusst und tapfer Ihren ganz eigenen Lebensweg zu gehen? Bringen sie die nötige Geduld auf, wenn sich manchmal scheinbar nichts in

Ihrem Leben ereignet, wenn es so aussieht, als ob Sie auf der Stelle treten? Das Meiste und Wichtigste für die Individuation spielt sich oft unbemerkt in der Tiefe der Seele ab. Da kann Ihr äußerer Weg dann ab und zu eine längere Strecke durch die »Wüste« führen, so wie Iwan-Zarewitsch sich erst im dritten Jahr seiner Trauer entschließt, seine schöne Wassilissa zu suchen. Der Impuls dazu taucht offenbar plötzlich in seiner Seele auf. Wenn es Zeit ist, dann schubst sie uns in die richtige Richtung – darauf können wir uns verlassen. Man darf nur diese Aufforderung nicht verpassen.

Wie bewältigen Sie die hier angesprochenen Themen in Ihrem Leben? Kann es sein, dass Ihnen in der Kindheit erschreckend bewusst wurde, dass das Leben schwierig ist, dass es viel von Ihnen verlangt, dem sich das kleine Mädchen/der kleine Junge nicht gewachsen fühlte? Und welche Konsequenz haben Sie daraus gezogen, bzw. welche Entscheidung haben Sie daraufhin getroffen? »Ich werde einmal ...« – wie geht der Satz für Sie weiter?

Wenn Sie diesen zentralen Satz Ihres Lebensdrehbuchs gefunden haben, auch auf Grund der drei Geschichten, die Sie als Zusammenfassungen schrieben, dann schauen Sie jetzt einmal, ob Sie ihm bisher gefolgt sind und ob Sie ihm weiterhin folgen wollen.

Die so genannte »Skriptentscheidung« ist für das Kind eine optimale Möglichkeit für seine Lebensbewältigung. Es fasst den Entschluss ja aus den Gegebenheiten, die es in der Familie, in die es hinein geboren wurde, vorfindet und die es bis zu diesem Zeitpunkt gut genug kennen gelernt hat, um abschätzen zu können, auf welche Art und Weise es größtmögliche Bestätigung und Zuwendung erhält. Darauf ist jedes Kind in höchstem Maße angewiesen. Wir Erwachsenen brauchen sie auch heute noch, doch in der Kindheit sind Bestätigung und Zuwendung lebensnotwendig.

Insofern ist jede Skriptentscheidung eine kreative, bestmögliche Lösung für das Kind in dem Leben, wie es sich ihm stellt. Erst später merken die Erwachsenen dann oft, dass diese Grundsätze, die sich das Kind damals gegeben hat, heute nicht mehr passen, dass sie das Leben einengen, dass sie eher ein Gefängnis sind als einen weiten Spielraum für die vielfältigen Lebensmöglichkeiten zu lassen.

Das Bekannte bietet ja Sicherheit, während das Unbekannte erst einmal Angst machen kann. Aus diesem Grund halten Menschen manchmal doch lieber an den alten Mustern fest als sich für neue Erfahrungen zu öffnen.

In diesem Märchen erleben wir, dass es gar nicht so einfach ist, die falsche Haut abzustreifen und den Weg zur Selbstwerdung zu gehen. Deshalb ist es sehr wichtig, ein gesundes Selbstvertrauen zu entwickeln, um realistisch abzuschätzen, wie die vorhandenen Kräfte am Besten eingesetzt werden können.

Und es gibt noch einen ganz wichtigen Punkt anzusprechen: Eric Berne warnte immer wieder davor, einem inneren, unbewussten »Dämon« anheim zu fallen, der alles, was man sich so schön aufgebaut hat, wieder zunichte machen könnte. Gerade in diesem Märchen ist darauf hinzuweisen, denn am Ende verliert Iwan-Zarewitsch beinahe seine schöne Prinzessin, weil er einerseits zu ungeduldig ist, sich dann aber andererseits auch nicht so recht entschließen kann, die notwendigen Strapazen des gefahrvollen Weges, der vor ihm liegt, auf sich zu nehmen. Lieber verbringt er seine kostbare Zeit mit jammervollen Tränen.

Leider kann man in vielen Schicksalen diese Tendenz finden: Jemand baut sich etwas Schönes im Leben auf und verspielt dann alles auf Grund einer Dummheit oder verliert die Einsicht und den Mut weiter zu machen, wenn es einmal Schwierigkeiten gibt. Der Lebensweg der meisten Menschen ist mit Prüfsteinen gepflastert und auf jedem steht – im übertragenen Sinne –: »Bist du wirklich bereit, deine falsche Haut endgültig abzustreifen? Hast du wirklich die

Kraft und Ausdauer, auch Frustrationen zu ertragen? Oder neigst du dazu, schnell aufzugeben, dir nichts zuzutrauen? Hier, an diesem Prüfstein entscheide dich. Entscheide dich immer wieder neu, denn du bist frei zu wählen.«

Zwei starke Kräfte bestimmen den Menschen: die in das Leben hinein drängende und die das Leben wieder verlassen wollende. Sigmund Freud nannte sie »Lebenstrieb«, »Libido« und »Todestrieb«, »Destrudo«. Mit beiden Kräften sollten wir bewusst umgehen, denn alles, was unbewusst verläuft, entzieht sich unserer Kontrolle und Steuerung.

Leider handeln viele Menschen destruktiv, weil sie sich selbst nicht mögen. Die verwunschene Prinzessin könnte sich ihrer garstigen Froschhaut schämen und so nicht die Liebe für sich selbst aufbringen, um geduldig auf die Bereitschaft ihres Liebsten zu warten, sie zu erlösen. Iwan-Zarewitsch mag sich selbst wahrscheinlich auch nicht genügend, sonst würde er sich nicht so hilflos über längere Zeit seinem Vater unterwerfen.

Im alten Griechenland verstand man unter dem »Daimon« eine inspirierende Kraft – die in diesem Märchen in den Ammen und Kinderfrauen zum Ausdruck kommt, die Wassilissa ruft, um die vom alten König geforderten Prüfungen zu bestehen. Wenn wir in diesem Wort aber den »Dämon« sehen, bedeutet es zwar die gleiche Kraft, doch dann in ihrer zerstörerischen Art.

Anders gesagt: die größte Stärke, die wir haben, kann zur größten Schwäche werden und wenn wir meinen, irgendwo eine Schwäche zu spüren, kann insgeheim gerade in ihr eine große Stärke liegen. Das heißt, uns stehen verschiedene Kräfte zur Verfügung, doch müssen wir darauf achten, wie und in welcher Art und Weise wir sie für uns in Anspruch nehmen, damit sie uns dienen. Wir können mit diesen Energien etwas Gutes für uns und andere tun, wir können darauf achten, dass sie unser Leben bereichern und nicht schmälern. So werden wir mit ihrer Hilfe letztendlich ein »Gewinner«.

Für das eigene Leben heißt gewinnen: sich ganz individuell, ganz einzigartig, als die und der sie und er gemeint ist, zu entwickeln, alles was an Begabungen angelegt ist, heraus zu holen, zu fördern und schließlich mit sich selbst und der Welt in Einklang und Frieden zu sein.

Um dies zu erreichen, lohnt es sich bestimmt, das Thema und das »Drehbuch« des eigenen Lebens kennen zu lernen, sich also dazu die Geschichten anzuschauen, die uns auf unserem bisherigen Lebensweg begleitet haben.

Ich wünsche Ihnen für diese spannende Suche viel Neugierde und viel Freude.

Einleitung

Das starke Echo, das mein Buch über den Froschkönig[1] auslöste, brachte es mit sich, dass ich in den letzten Jahren oft zu Vorträgen unterwegs war. In den anschließenden Diskussionen wurde ich immer wieder gefragt, ob es das von mir dargestellte Beziehungsmuster »Frosch-Mann – Prinzessin-Frau« nicht auch mit umgekehrten Rollen gäbe – die Frau als »Frosch«, der Mann als »Prinz«. Natürlich gäbe es dieses umgekehrte Muster, antwortete ich, wenn es auch nie die genaue Umkehrung wäre, denn ein männlicher Frosch sei eben etwas anderes als ein weiblicher und ein Prinz etwas anderes als eine Prinzessin. Ein entsprechendes Märchen dazu, das über eine solche umgekehrte Konstellation weiteren Aufschluss gegeben hätte, kannte ich allerdings nicht – bis ich bei der Schorndorfer Märchenwoche 1986, zu der ich den Eröffnungsvortrag hielt, die bekannte Märchenerzählerin Sigrid Früh hörte. Sie erzählte das russische Märchen von Wassilissa, der Allweisen, die in einen Frosch verwandelt worden war, und von Iwan, dem Zarensohn, der den Frosch freite. Hier war also die umgekehrte Konstellation! Eigenartigerweise löste diese erste Begegnung mit der Geschichte bei mir zunächst keine weiteren Überlegungen aus, bis ich in der Diskussion im Anschluss an meinen Froschkönig-Vortrag beim Evangelischen Kirchentag 1987 in der Frankfurter Alten Oper wiederum mit dieser Frage konfrontiert wurde. Eine Frau aus dem Zuhörerkreis antwortete und wies mit bewegenden Worten auf eben dieses Märchen aus Russland hin. Jetzt wurde ich aufmerksam. Und wie so manchmal eins zum andern kommt, erzählte mir kurz darauf die Frau meines Optikers, sie würde jetzt in einer Theatergruppe in Tübingen bei einer Märchenaufführung der »Froschprinzessin« mitspielen. Von ihr bekam ich zwei Textversionen dieses Märchens, und beim Lesen hatte ich sofort die Idee: Darüber möchte ich wieder schreiben. Das Miterleben der kleinen Theateraufführung war ein weiterer Anstoß, und in Gesprächen mit Frau Früh, mit der ich mich dann beriet, wurde mir vollends klar, auf welch tiefsinnige und faszinierende Geschichte ich da gestoßen war. Nicht die verglichen mit dem Froschkönig umgekehrte Rollenverteilung war es, die mich in Bann zog – sie verlor bei der weiteren Beschäftigung an Bedeutung. Aber ich traf in diesem Märchen wieder auf so vieles, was ich aus meiner Arbeit mit Paaren und was ich auch von mir selber und von der Beziehung, in der ich heute lebe, kenne. Während »Der Froschkönig« hauptsächlich den Entwicklungsweg einer Frau in einer schwierigen Beziehung schildert, ist es hier umgekehrt. Obwohl nach dem Titel eine Frau die Heldin ist, widmet sich das russische Märchen hauptsächlich dem Entwicklungsweg des Mannes, der in dieser Beziehung in Gang kommt. Ich entdeckte dabei vieles, was heute in der noch recht zaghaft sich artikulierenden Männerbewegung zur Sprache kommt und Bedeutung gewinnt. Das russische Märchen entwirft mit großer Selbstverständlichkeit ein Bild, das uns westliche Männer ganz schön in Frage stellt, wenn wir es an uns heranlassen. Trotz äußerlich patriarchalischer Ordnung und Struktur sind in diesem Märchen, wie in den russischen Märchen überhaupt, matriarchale Elemente noch sehr lebendig.[2] Die Gegensätze sind nicht so polarisiert. Die Hexe ist nicht nur böse, die Prinzessin nicht nur strahlend und der Held nicht nur tapfer. Männer sind weniger einseitig männlich, und die Frauen stehen ihnen, wenn auch manchmal nach außen hin verdeckt, gleichwertig und stark gegenüber, ja sie sind ihnen zuweilen deutlich überlegen. Damit ist eine Situation gegeben, in die wir westlichen Menschen heute immer mehr hineingeraten und mit der wir noch sehr schlecht umgehen können. So ist dieses Märchen für mich zu einem Wegweiser geworden, wie wir – Männer *und* Frauen – uns auf diesem Weg der Weiterentwicklung unserer Geschlechtsidentität gegenseitig weiterhelfen, unterstützen und herausfordern können. Stärker als in den westlichen Märchen ist dieser Entwicklungsweg von gegenseitiger Achtung und Solidarität geprägt. Das Märchen macht uns darauf aufmerksam: Nur miteinander, nicht gegeneinander werden wir es schaffen. Ich war und bin tief beeindruckt von dem menschlichen Reichtum der östlichen Welt, zu der mir dieses Märchen einen kleinen Türspalt öffnete. Vielleicht erschließt sich uns diese Welt durch die neue politische Lage in den kommenden Jahren noch weiter und tiefer, es könnte für uns ein großer Gewinn sein!

Ich habe als Vorlage nicht eine genaue Übersetzung aus dem russischen Urtext gewählt, sondern eine freie Nacherzählung von Sigrid Früh.[3] Sie berichtete mir darüber, was ich intuitiv schon vorher zu spüren meinte: Russische Märchenexperten hätten ihr auf einem Erzählabend bescheinigt, dass diese Art, das Märchen vorzutragen, voll und ganz den Geist des russischen Märchenerzählens atme und insofern genauer als eine bloß wörtliche Übersetzung sei.

Ich lade Sie, liebe Leserin, lieber Leser, ein, sich nun in die Welt dieser Geschichte aus Russland zu begeben.

Die Froschprinzessin

Weit hinter den blauen Meeren und hinter den sieben Bergen, da lebten einmal ein Zar und eine Zarin. Lang hatte der Zar in der Welt gelebt, und er hatte zu seinem Beistand drei Söhne, drei Zarewitsche. Alle drei waren jung und kühn. Am kühnsten aber und am schönsten war der jüngste, Iwan-Zarewitsch.

Eines Morgens ließ der Zar seine drei Söhne kommen und sprach: »Meine Kinder, ihr seid alt genug, um zu heiraten, ihr sollt Frauen bekommen. Darum nehmt eure Pfeile und Bogen, geht an die Grenze der Gemarkung und schießt eure Pfeile ab. Und wo euer Pfeil niederfällt, dort geht hin und freiet.«

Also zogen die drei Zarensöhne zur Grenze, und es schoss der älteste. Sein Pfeil flog in den Hof eines Bojaren, und der älteste Zarensohn ging hin und freite die Bojarentochter. Es schoss der zweite. Sein Pfeil flog in das Haus eines Kaufmanns, eines reichen Mannes, und der zweite Zarensohn ging hin und freite um die Kaufmannstochter. Es schoss Iwan-Zarewitsch, und sein Pfeil flog auf zur Sonne, und man sah ihn nicht herniedersinken. Iwan-Zarewitsch suchte einen Tag, und er suchte auch noch einen zweiten Tag, und am dritten Tag, da geriet er in einen tiefen Sumpf, und er suchte den Ausweg. Und wie er so suchte, da sah er einen Pfeil bei einem Frosche liegen. Schon wollte er sich umwenden, da rief ihm der Frosch zu: »Iwan-Zarewitsch, du suchest doch deinen Pfeil! Nimm deinen Pfeil, nimm aber auch mich mit, sonst wirst du nie mehr aus diesem Sumpf herausfinden.«

Was blieb Iwan-Zarewitsch anderes übrig, er nahm seinen Pfeil, packte den Frosch und schob ihn in seine Rocktasche, ging traurig zu seinem Väterchen, dem Zaren, und sprach: »Sieh an, ich kann doch keinen Frosch zur Frau nehmen.«

»Nimm sie immerhin«, sprach der Zar, »vielleicht ist sie dein Schicksal.« Also wurde die Brautkrone über Iwan-Zarewitsch und den Frosch gehalten, und so waren sie einstweilen verheiratet.

Eines Tages ließ der Zar seine drei Söhne kommen, und er befahl ihnen, dass ihre Frauen bis zum nächsten Morgen ein Brot für ihn backen sollten. Traurig ging Iwan-Zarewitsch nach Hause.

»Warum bist du denn so traurig?«, fragte seine Frau, der Frosch.

»Warum soll ich nicht traurig sein? Mein Väterchen, der Zar, befiehlt, dass du ihm bis zum nächsten Morgen ein Brot backen sollst.«

»Sei nicht traurig«, sprach sie, »geh zu Bett. Der Morgen ist weiser denn der Abend.«

Und sie brachte Iwan-Zarewitsch zu Bett. Als er eingeschlafen war, da warf sie ihre Froschhaut ab, und sie war Wassilissa, die Allweise, und sie war schöner als Sonne, Mond und Sterne, und sie ging zur Treppe und rief:

»Kommt ihr Ammen, kommt ihr Kinderfrauen und backt mir ein Brot, wie es mein Väterchen speiste.«

Und am nächsten Morgen schlüpfte sie wieder in die Froschhaut.

Sie übergab Iwan-Zarewitsch ein weißes Brot, das war mit allen Städten des Zarenreiches geschmückt, und er brachte es seinem Vater, dem Zaren. Dort waren schon die beiden älteren Brüder mit dem Brot, das ihre Frauen gebacken hatten. Der Zar prüfte das Brot des ältesten, und er sprach:

»Das ist für die Knechte.« Und er prüfte das Brot des zweiten und sprach: »Das ist für die Mägde.« Und er prüfte das Brot von Iwan-Zarewitsch und sprach: »Dies werde ich am heiligen Osterfeste selbst speisen.«

Bald darauf ließ der Zar wiederum seine drei Söhne kommen. Er befahl ihnen, dass ihre Frauen bis zum nächsten Morgen ein Hemd für ihn nähen sollten. Traurig ging Iwan-Zarewitsch nach Hause.

»Warum bist du denn so traurig?«, fragte seine Frau, der Frosch.

»Warum soll ich nicht traurig sein? Mein Väterchen, der Zar, befiehlt, dass du ihm zum nächsten Morgen ein Hemd nähen sollst.«

»Sei nicht traurig«, sprach sie, »geh zu Bett. Der Morgen ist weiser denn der Abend.«

Und sie brachte Iwan-Zarewitsch zu Bett. Als er eingeschlafen war, da warf sie ihre Froschhaut ab, und sie war Wassilissa, die Allweise, und sie war schöner als Sonne, Mond und Sterne, und sie ging zur Treppe und rief:

»Kommt ihr Ammen, kommt ihr Kinderfrauen und näht mir ein Hemd, wie es mein Väterchen trug.«

Und am nächsten Morgen, da war sie wieder der Frosch. Und sie übergab Iwan-Zarewitsch ein Hemd, das war mit Gold und Silber bestickt, und er brachte es seinem Väterchen, dem Zaren. Dort waren schon die beiden älteren Brüder mit dem Hemd, das ihre Frauen genäht hatten. Der Zar prüfte das Hemd des ältesten und sprach:

»Das ist für den Stall.« Und er prüfte das Hemd des zweiten und sprach: »Das ist für die Badestube.« Und er prüfte das Hemd von Iwan-Zarewitsch und sprach: »Dies werde ich am heiligen Osterfeste zur Kirche tragen.«

Bald darauf ließ der Zar wiederum seine drei Söhne kommen. Und er befahl ihnen, dass sie mit ihren Frauen geschmückt zu seinem Palaste kommen sollten. Traurig ging Iwan-Zarewitsch nach Hause.

»Warum bist du denn so traurig?«, fragte seine Frau, der Frosch.

»Warum soll ich nicht traurig sein? Mein Väterchen, der Zar, befiehlt, dass ich mit dir geschmückt zu seinem Feste kommen soll.«

»Sei nicht traurig«, sprach sie, » geh einstweilen allein, aber wenn du es donnern hörst, dann sprich: ›Dies ist meine Frau, der Frosch, die nun angefahren kommt.‹«

Und so ging Iwan-Zarewitsch alleine zum Palaste des Zaren. Dort waren schon seine beiden älteren Brüder mit ihren Frauen, die sich aufgeputzt hatten, und sie verspotteten ihn. Plötzlich aber ertönte ein lauter Donner, so dass die Gäste des Zaren erschrocken von ihren Sitzen aufsprangen.

»Erschreckt nicht«, sprach Iwan-Zarewitsch, »dies ist nur meine Frau, der Frosch, die angefahren kommt.«

Und zum Palaste des Zaren kam eine goldene Kutsche, bespannt mit sieben Schimmeln, und heraus stieg Wassilissa, die Allweise, sie war schöner als Sonne, Mond und Sterne, sie war schöner, als man es in einem Märchen erzählen kann. Sie ergriff Iwan-Zarewitsch bei der Hand, und sie setzte sich mit ihm zur Tafel. Sie speiste vom Schwanenbraten, und sie steckte die Knöchelchen in den rechten Ärmel, und sie trank vom Wein, und sie schüttete die Neige in den linken Ärmel. Die beiden Schwägerinnen, die beobachteten sie ganz genau und machten ihr alles nach. Dann aber ergriff Wassilissa, die Allweise, Iwan-Zarewitsch bei der Hand und führte ihn zum Tanze, und sie schwenkte den linken Ärmel, und es entstand ein See, und sie schwenkte den rechten Ärmel, und es schwammen Schwäne darauf. Die beiden Schwägerinnen, die ihr alles nachmachten, die beschmutzten nur die Gäste, so dass der Zar sie erzürnt davonjagte. Iwan-Zarewitsch aber ritt heimlich nach Hause, und er suchte so lange, bis er die Froschhaut fand, und da nahm er sie und verbrannte sie. Bald darauf kam Wassilissa, die Allweise, angefahren. Und als sie ihre Froschhaut nicht mehr fand, da erschrak sie, und sie sprach zu Iwan-Zarewitsch:

»Wehe, was hast du getan? Hättest du noch drei Tage gewartet, dann hättest du mich erlöst. So aber muss ich von dir. Suche mich hinter dreimal neun Reichen, hinterm dreimal zehnten Zarenreich, beim unsterblichen Koschtschej.«

Und sie verwandelte sich in einen Schwan und flog zum Fenster hinaus.

Iwan-Zarewitsch weinte bitterlich. Er weinte ein ganzes Jahr, er weinte auch ein zweites Jahr, im dritten Jahr, da ermannte er sich endlich, er bat um den Segen von Vater und Mutter und machte sich auf, Wassilissa, die Allweise, zu suchen. Er ging kurze Wege, und er ging lange Wege. Schnell ist ein Märchen erzählt, aber lange dauert der Weg des Helden. Da begegnete ihm ein uralter Mann.

»Hollah, Bursche, wohin gehst du denn?«, rief der Alte, und Iwan-Zarewitsch erzählte dem Alten alles. Er erzählte, dass er Wassilissa, die Allweise, suche und was er mit ihr erlebt hatte. »Wie konntest du nur«, zürnte der Alte, »du hast dem Mädchen die Froschhaut nicht gegeben, also konntest du sie ihr auch nicht nehmen. Wassilissa wurde klüger und mächtiger als ihr Vater. Deshalb hat er sie in einem unbedachten Augenblick in einen Frosch verwandelt.[4] *Es ist jetzt sehr schwer für dich, sie noch zu finden. Aber nimm dieses Knäuel«, und er reichte Iwan-Zarewitsch ein Knäuel Garn, »und folge dem Knäuel, vielleicht führt es dich zum Ziel.«*

Iwan-Zarewitsch nahm das Knäuel, und er ging kurze Wege, und er ging lange Wege. Da trabte ihm ein ungeheurer Bär über den Weg. Ich werde das Tier töten, dachte er, aber der Bär sprach ihn an mit menschlicher Stimme:

»Lass mich leben, Iwan-Zarewitsch, habe Mitleid.«

Und Iwan-Zarewitsch hatte Mitleid mit dem Tier, und er

ließ es leben. Er ging weiter, und es sprang ein Hase vor ihm auf. Ich werde das Tier töten, dachte er, aber der Hase sprach ihn an mit menschlicher Stimme: »Habe Mitleid, Iwan-Zarewitsch, lass mich leben.« Und Iwan-Zarewitsch hatte Mitleid mit dem Tier, und er ließ es leben. Er ging weiter, und es flatterte plötzlich eine Ente vor ihm auf. Er spannte Pfeil und Bogen und wollte die Ente schießen. Aber die Ente sprach ihn an mit menschlicher Stimme: »Habe Mitleid, Iwan-Zarewitsch, lass mich leben.«

Und Iwan-Zarewitsch hatte Mitleid mit dem Tier, und er ließ es leben. Und er ging immerfort weiter. Da kam er zum weiten Ufer des Meeres, dort lag ein Hecht im Sand, und er sprach ihn an: »Habe Erbarmen, Iwan-Zarewitsch, trage mich zum Wasser.« Iwan-Zarewitsch fühlte Erbarmen mit dem Tier, und er trug es zum Wasser.

Und immerfort wanderte er weiter. Da kam er zu einem Hüttchen, das auf Hühnerfüßen stand und sich immerfort drehte. Und Iwan-Zarewitsch verneigte sich und sprach den Spruch: »Dreh dich, mein Hüttchen, dreh dich zu mir, so wie dich die Mutter am Morgen aufgestellt.«

Und das Hüttchen blieb stehen, mit dem Eingang zu ihm. Er kletterte hinein und fand drinnen die Baba Jaga. Und die Baba Jaga erhob sich und rief:

»Noch nie sah ich einen Russen, und nun kommt ein Russe selbst zu mir. Wen suchest du denn?«

Und Iwan-Zarewitsch erzählte der Baba Jaga, dass er Wassilissa, die Allweise, suche und was er mit ihr erlebt hatte.

»Ich weiß, ich weiß«, sprach die Baba Jaga. »Sie ist nun beim unsterblichen Koschtschej, und es ist sehr schwer, den Koschtschej zu besiegen, denn das Leben des Koschtschej ist in der Spitze einer Nadel, und die Nadel ist in einem Ei, und das Ei ist in einer Ente, und die Ente ist in einem Hasen, und der Hase ist in einer Kiste. Und diese Kiste ruht am Fuße eines alten Eichbaums. Und diesen

Eichbaum, den hütet der Koschtschej wie sein linkes und sein rechtes Auge. Aber versuche es immerhin.«

Und sie zeigte Iwan-Zarewitsch den Weg zum Palaste des Koschtschej. Und Iwan-Zarewitsch ging den Weg, den ihm die Baba Jaga gewiesen hatte. Bald sah er den Marmorpalast des Koschtschej, und daneben stand der ungeheure Eichbaum, und Iwan-Zarewitsch wusste nicht, wie er zu dessen Wurzeln gelangen konnte. Aber da trabte ein ungeheurer Bär an ihm vorüber, dieser packte den Eichbaum und riss ihn samt den Wurzeln aus. Und hervor an den Wurzeln kam eine Kiste und heraus sprang ein Hase. Aber ein anderer Hase war hinter ihm her und zerriss ihn, und hervor flog eine Ente und stieg steil empor. Aber eine andere Ente war über ihr und schlug sie, und noch im Sterben ließ die Ente ein Ei fallen, und das versank in den weiten Fluten des Meeres. Iwan-Zarewitsch war verzweifelt und weinte bitterlich. Denn wie sollte er jetzt noch zu dem Ei kommen? Aber siehe, da schwamm ein Hecht zum Ufer, und er trug das Ei zwischen den Zähnen, und er warf es in den Sand. Iwan-Zarewitsch nahm das Ei und zerbrach es, und er nahm die Nadel und brach die Spitze ab. Und der unsterbliche Koschtschej, sosehr er sich wehrte, er musste doch sterben.

Da ging Iwan-Zarewitsch in den Palast des Koschtschej, und dort kam ihm Wassilissa, die Allweise, entgegen, und sie küsste ihn auf den Mund. Dann nahm sie Iwan-Zarewitsch bei der Hand, und er zog mit Wassilissa, der Allweisen, in das Reich seines Vaters.

Russisches Märchen,
neu erzählt von Sigrid Früh

Am Ende ein glückliches Paar

Am Ende des Märchens steht ein glückliches, ein liebendes Paar. Eine strahlende Frau und ein strahlender Mann blicken sich in die Augen. Sie küsst ihn auf den Mund, sie nehmen sich bei der Hand, und der Weg steht ihnen offen in das Reich, dessen Regierung sie zweifellos bald übernehmen werden.

Dieses Ende ist aber keineswegs der Beginn ihrer gemeinsamen Geschichte. Iwan und Wassilissa sind schon lange ein Paar, sogar ein mit allen offiziellen Zeremonien verheiratetes Ehepaar. Jahre zuvor schon wurde die »Brautkrone über sie gehalten«, wie das Märchen zu berichten weiß, Jahre der Ehe liegen bereits hinter ihnen, Zeiten der Krise, Zeiten der Einsamkeit und des Kampfes, Zeiten der bitteren Trennung. Erst jetzt, nachdem sie das alles durchgemacht haben, darf sie, kann sie ihn so offen auf den Mund küssen. Erst jetzt kann sich die Liebe zwischen ihnen so frei entfalten.

Wie stark unterscheidet sich dieses Bild von unseren Beziehungsvorstellungen! Da steht das glückliche Paar eher am Anfang. Liebe setzen wir gleich mit Verliebtheit und Leidenschaft, und weil diese im Alltag meist abnehmen, ist unser Bild von der Entwicklung der Paarbeziehung eher von Abflachung, Entleerung und fortschreitender Alltäglichkeit gekennzeichnet als von Vertiefung, Intensivierung und immer neu auflebender Faszination. Unser Bild ist: am Anfang das glückliche Paar, die voll erblühte Liebe, am Ende Enttäuschung und Gleichgültigkeit.

Ganz anders in unserem Märchen. Hier ist es gerade umgekehrt. Die Beziehung zwischen Iwan und Wassilissa beginnt ganz und gar nicht glücklich oder ideal. Sie entsteht vielmehr aus einer Verkettung unglücklicher Umstände und ist von Anfang an von Krisen geschüttelt. Sie muss sogar durch eine lange Phase der Trennung hindurch. Aber dies ist keine Entwicklung nach unten. In diesem Prozess reifen die beiden. Wassilissa findet zu ihrem Wesen, sie wird zur »Allweisen, schöner als Sonne, Mond und Sterne«, zum Urbild der liebenden Frau, und Iwan gewinnt jene Männlichkeit, die ihn befähigt, dieser Frau als gleichwertiger Partner gegenüberzutreten. Erst der mühsame und leidvolle Weg der beiden über Jahre hin befreit ihre Liebe, die vorher gebunden war.

Theoretisch ist dies ein einleuchtender Gedanke, dem wir in vielen Äußerungen psychologischer und anderer Literatur immer wieder begegnen. Aber in unserem Erleben sind wir tief von dem anderen Bild bestimmt: vom Bild der vollkommenen Liebe als Anfangszustand. Dies führt dazu, dass wir versuchen, diesen Anfangszustand festzuhalten oder die Anfangssituation mit immer neuen Partnern wiederherzustellen.[5] Denn wenn der Anfang mit seinem Zauber und seiner Intensität verlorengeht, geht ja unserer Vorstellung nach die Liebe verloren oder erweist sich überhaupt als Illusion. Dann aber ist Resignation oder Zynismus das Ende.

Das Märchen sagt uns: Die Liebe ist nicht der zauberhafte Anfangszustand. Er muss gar nicht einmal da gewesen sein, und dennoch kann die Liebe zur vollen Frucht heranreifen. Was ist aber dann dieser Anfangszustand, und was ist sein Sinn? Zunächst muss gesagt werden: Sehr oft, und viel öfter als wir es wahrhaben wollen, ist er gar nicht vorhanden, sondern nur ersehnte oder projizierte Phantasie. Viel öfter als wir denken beginnen Beziehungen, auch heute im Zeitalter der »freien Partnerwahl«, nicht mit einem Rausch von Verliebtheit, sondern mit einer Mischung aus moralischer Verpflichtung, eigener seelischer Notlage, Unsicherheit und vagen Sehnsüchten, also viel eher so, wie Iwan-Zarewitsch und das Frosch-Fräulein im Sumpf sich gefunden haben. In der Geschichte der beiden wird aber deutlich, dass dies nicht unbedingt heißen muss, aus einer solchen Beziehung könne nichts werden.

Aber man kann dann trotzdem fragen: Was ist denn der Sinn dieser, wenn auch phantasierten, vollkommenen Liebe des Anfangs? Es ist ja nicht zu leugnen, dass es – Gott sei Dank! – zuweilen dies auch wirklich gibt, dass die Liebe zwei Menschen, die sich vielleicht kaum kennen, wie ein Schicksal überfällt, im innersten Kern trifft, sie berauscht und ekstatisch über sich selbst hinausreißt in wilder und schöpferischer Leidenschaft. Was ist also der Sinn dieses wirklich erlebten, phantasierten oder projizierten rauschhaften Anfangszustands, der nicht festzuhalten ist?

Psychotherapeuten sagen, in diesem Erleben würde die symbiotische Ureinheit mit der Mutter erfahren, jener grundlegende Zustand also, in dem ich mich im innigen Kontakt zur Mutter als das wichtigste Wesen, als der geliebte Mittelpunkt der Welt erlebt und darin meinen einzigartigen Wert erfahren habe. Psychotherapeuten sagen sogar, dass die Intensität der Erfahrung der Verliebtheit umso größer ist, je unvollkommener ich diese symbiotische Urerfahrung als Kind tatsächlich gemacht habe. Die ungestillte Sehnsucht nach der vollen symbiotischen Verschmelzung stürzt sich sozusagen auf den Liebespartner und macht sich vor, in der Vereinigung mit ihm würde die ersehnte und doch nie ausreichend erfahrene Verschmelzung mit der geliebten Mutter nun doch zur Wirklichkeit.

Die Leidenschaft und Faszination der Verliebtheit würden also einen Zustand neu beleben, der der frühen Kindheit angehört und darum entweder Symptom eines psychisch unreifen oder aber – wenn das Mangelerlebnis vorherrscht – eines psychisch krankhaften Zustands sein. Deshalb würde dieser Zustand notwendigerweise wieder in der Vergangenheit versinken müssen, oder aber er müsste – im zweiten Fall

– als Wiederholung eines frühen Mangelerlebnisses bewusst gemacht, durchgearbeitet und schließlich hinter sich gelassen werden.

Diese Auffassung enthält sicherlich viel Wahrheit. Zum Verständnis und zur Bearbeitung vieler Beziehungsstörungen ist sie von entscheidender Bedeutung. Dennoch scheint sie mir nur die eine Seite der Wahrheit zu sein. Denn der symbiotische Urzustand, in dem das Kind verschmelzend mit der Mutter sich als unbedingt geliebt und angenommen erfährt, ist nicht nur ein unreifer, hinter sich zu lassender Entwicklungszustand, er ist darüber hinaus das Bild und die Ahnung liebender Vereinigung schlechthin. Denn in der Mutter-Kind-Symbiose kommt das Kind – verschmelzend mit der Mutter – ganz zu sich selbst, und liebende Vereinigung in ihrer Vollgestalt bedeutet dies ebenfalls: in der Hingabe ganz sich selbst im Geliebten verlieren und sich verlierend erst ganz zu sich selber finden. So suchen und erleben wir in der faszinierenden Anfangserfahrung der Verliebtheit nicht nur die Ursprungssymbiose, um sie wiederherzustellen oder erstmals ganz zu erfahren, sondern wir suchen und erfahren darüber hinaus die Vollgestalt liebender Vereinigung überhaupt.

Der Rausch der anfänglichen Verliebtheit hat also nicht nur mit dem Verschmelzungszustand der Vergangenheit zu tun, er ist auch eine zukunftweisende Erfahrung. Er ist ein Vorgeschmack unseres Vollendungszustands in der vollkommenen Hingabe. Er ist ein Vorgeschmack – nicht die Erfahrung selbst in ihrer Fülle. Er ist gleichsam die Intuition der Vollgestalt liebender Vereinigung, nicht ihre Realität. So wie die Intuition des Künstlers nicht schon das Kunstwerk ist, obwohl sie den Künstler vielleicht in hoher Intensität dessen Vollgestalt schon erahnen lässt, so ist das Erleben der Verliebtheit nicht die Realität der liebenden Vereinigung, sondern deren intuitive Vorwegnahme. Diese intuitive Vorwegnahme hat den Sinn, den Prozess der Realisierung in Gang zu bringen. So wie die Realisierung des Kunstwerks ein mühseliger, vielleicht jahrelanger Prozess ist und womöglich die intuitiv erfasste Vollgestalt nie ganz erreichen wird, so ist es auch mit der Liebe: Ihre Realisierung ist ein mühseliger, jahrelanger Prozess, der sich im Vergleich mit dem im Verliebtheitserlebnis erfahrenen oder erahnten Zustand oft recht bruchstückhaft ausnehmen mag. Dennoch ist es nötig, diesen Weg der konkreten Umsetzung der Anfangsintuition zu gehen, denn das ist die einzige Möglichkeit, uns der in der Verliebtheit intuitiv erfassten Vollendungsgestalt näherzubringen. Es braucht dazu Kontinuität, Dauer, Geschichte. Mit wechselnden Partnern bleibe ich immer noch im Raum der zwar faszinierenden, aber noch nicht verwirklichten Intuition. So wie der Künstler für die Umsetzung seiner Intuition irgendwann zu experimentieren aufhören und mit Ausdauer und Geduld ein bestimmtes Material immer und immer wieder bearbeiten muss, so braucht es auch für die Realisierung der Liebe eine dauerhafte Beziehung und kontinuierliche Arbeit daran. Diese Arbeit ist viel weniger faszinierend als jenes Verliebtheitserlebnis. Sie hat aber den Vorteil, dass sie Realität hervorbringt, die vielleicht bruchstückhaft, aber eben wirklich ist. Die Erfahrung zeigt, dass dann, wenn sich Paare auf diesen Weg begeben haben, sich auch immer wieder intensive Erlebnisse einstellen, die den ersten Verliebtheitserlebnissen vergleichbar sind und die Vollgestalt der Liebe auf immer neue Weise wieder lebendig machen. Vielleicht sind sie nicht mehr so rauschhaft wie die erste Verliebtheit, vielleicht haben sie nicht mehr diesen unverwechselbaren Zauber des ersten Anfangs, aber sie bekommen dafür eine neue tiefere Qualität, die uns zeigt, dass wir dem, was wir ersehnen, miteinander ein paar Schritte näher gekommen sind.

Iwan und Wassilissa, so wie sie uns am Ende des Märchens begegnen, haben einige Schritte auf diesem Wege hinter sich. Gerade weil ihre Beziehung so gar nicht rauschhaft, sondern recht mühsam begann, können sie uns ermutigen, nicht alten Verliebtheitserlebnissen, tatsächlichen oder geträumten, nachzutrauern und uns dann der Resignation zu überlassen, sondern diese zum Anlass zu nehmen, uns auf einen ähnlichen Weg zu begeben. Dadurch, dass sie fast schon zu Anfang des Märchens ein Paar sind, aber erst am Ende ein liebendes Paar werden, sagen sie uns eindringlich: Die Liebe liegt immer noch vor uns. Machen wir uns auf den Weg zu ihr!

Der schwierige Anfang

Eines Tages ließ der Zar seine drei Söhne kommen, und er befahl ihnen, dass ihre Frauen bis zum nächsten Morgen ein Brot für ihn backen sollten. Traurig ging Iwan-Zarewitsch nach Hause.

»Warum bist du denn so traurig ?«, fragte seine Frau, der Frosch.

»Warum soll ich nicht traurig sein? Mein Väterchen, der Zar, befiehlt, dass du ihm bis zum nächsten Morgen ein Brot backen sollst.«

»Sei nicht traurig«, sprach sie, »geh zu Bett. Der Morgen ist weiser denn der Abend.«

Und sie brachte Iwan-Zarewitsch zu Bett. Als er eingeschlafen war, da warf sie ihre Froschhaut ab, und sie war Wassilissa, die Allweise, und sie war schöner als Sonne, Mond und Sterne, und sie ging zur Treppe und rief:

»Kommt ihr Ammen, kommt ihr Kinderfrauen und backt mir ein Brot, wie es mein Väterchen speiste.«

Und am nächsten Morgen schlüpfte sie wieder in die Froschhaut.

Sie übergab Iwan-Zarewitsch ein weißes Brot, das war mit allen Städten des Zarenreiches geschmückt, und er brachte es seinem Vater, dem Zaren. Dort waren schon die beiden älteren Brüder mit dem Brot, das ihre Frauen gebacken hatten. Der Zar prüfte das Brot des ältesten, und er sprach:

»Das ist für die Knechte.« Und er prüfte das Brot des zweiten und sprach: »Das ist für die Mägde.« Und er

prüfte das Brot von Iwan-Zarewitsch und sprach: »Dies werde ich am heiligen Osterfeste selbst speisen.«

Bald darauf ließ der Zar wiederum seine drei Söhne kommen. Er befahl ihnen, dass ihre Frauen bis zum nächsten Morgen ein Hemd für ihn nähen sollten. Traurig ging Iwan-Zarewitsch nach Hause.

»Warum bist du denn so traurig?«, fragte seine Frau, der Frosch.

»Warum soll ich nicht traurig sein? Mein Väterchen, der Zar, befiehlt, dass du ihm zum nächsten Morgen ein Hemd nähen sollst.«

»Sei nicht traurig«, sprach sie, »geh zu Bett. Der Morgen ist weiser denn der Abend.«

Und sie brachte Iwan-Zarewitsch zu Bett. Als er eingeschlafen war, da warf sie ihre Froschhaut ab, und sie war Wassilissa, die Allweise, und sie war schöner als Sonne, Mond und Sterne, und sie ging zur Treppe und rief:

»Kommt ihr Ammen, kommt ihr Kinderfrauen und näht mir ein Hemd, wie es mein Väterchen trug.«

Und am nächsten Morgen, da war sie wieder der Frosch. Und sie übergab Iwan-Zarewitsch ein Hemd, das war mit Gold und Silber bestickt, und er brachte es seinem Väterchen, dem Zaren. Dort waren schon die beiden älteren Brüder mit dem Hemd, das ihre Frauen genäht hatten. Der Zar prüfte das Hemd des ältesten und sprach:

»Das ist für den Stall.« Und er prüfte das Hemd des zweiten und sprach: »Das ist für die Badestube.« Und er prüfte das Hemd von Iwan-Zarewitsch und sprach: »Dies werde ich am heiligen Ostefeste zur Kirche tragen.«

Bald darauf ließ der Zar wiederum seine drei Söhne kommen. Und er befahl ihnen, dass sie mit ihren Frauen geschmückt zu seinem Palaste kommen sollten. Traurig ging Iwan-Zarewitsch nach Hause.

»Warum bist du denn so traurig?«, fragte seine Frau, der Frosch.

»Warum soll ich nicht traurig sein? Mein Väterchen, der Zar, befiehlt, dass ich mit dir geschmückt zu seinem Feste kommen soll.«

Iwan und Wassilissa am Anfang des Märchens, in der ersten Zeit ihrer Ehe: Welch ein Gegensatz zu dem stolzen Paar, dem wir am Ende begegnet sind! Kaum zu glauben, dass es sich um dieselben Menschen handelt. Am Anfang sind die beiden wohl eher ein seltsames Gespann! Er, »der Kühnste«, »der Schönste«, der den Pfeil am weitesten von allen schießt, dieser männlichste der Männer – an der Seite eines Fröschleins! Er selbst sagt: »Ich kann doch keinen Frosch zur Frau nehmen!«, und trotzdem ist er mit ihr verheiratet. Eine groteske Paarbeziehung! Grotesk, aber nicht unrealistisch.[6] Es gibt sie zahlreich, diese Beziehungsmuster: Er ist auf den ersten Blick eine imponierende Erscheinung, ein Mann, der den Pfeil seiner Männlichkeit wohl zu handhaben weiß, ein Karrieretyp, Wissenschaftler, Politiker, Geschäftsmann oder cleverer Pfarrer, gewandt und anscheinend selbstbewusst. Wenn man ihn allein kennenlernt, stellt man sich an seiner Seite spontan eine attraktive Frau mit Ausstrahlung und Format vor. Aber das Gegenteil ist der Fall. Sie, die Frau, ist blass, hausbacken, unscheinbar, oft schon rein äußerlich, jedenfalls aber in ihrem Wesen. Auch wenn sie mit Kleidung und Make-up ihre Blässe kaschiert, merkt man bald, dass sie in Wahrheit ein »Frosch« ist, und man ist erstaunt, wie zurückhaltend, gehemmt, ja unbedeutend sich diese Frau neben ihrem weltläufigen Mann ausnimmt. Man fragt sich, wie sich die beiden wohl gefunden haben mögen, und man ist enttäuscht, an der Seite dieses Supermanns ein so blasses Wesen zu erblicken: Iwan-Zarewitsch mit Frau Frosch!

Allerdings stellt man bald fest: Dies ist nur nach außen hin so. Nach innen sieht es ganz anders aus – so wie im Märchen. Da fällt nämlich auf, dass Iwans Gemütslage wiederholt mit »traurig« gekennzeichnet wird. Iwans Selbstbewusstsein ist leicht ins Wanken zu bringen. Die Bewährungsaufgaben, die der Vater stellt, stürzen ihn immer wieder in tiefe Verzagtheit. Er ist einer von den Männern, die nach außen hin glänzen und immer besser sind als die andern. Wenn sie aber die Tür zu ihrer Wohnung hinter sich geschlossen haben, sacken sie in sich zusammen. Die Frosch-Frau bekommt einen ganz anderen Iwan zu sehen, einen mutlosen und deprimierten. Später klagen diese Frauen darüber und sagen: »Der tolle Hecht ist er immer nur nach außen. Zu Hause habe ich keinen Mann, sondern ein zweites (drittes, viertes...) Kind!«

Anfangs freilich enttäuscht und ärgert sie das noch nicht. Im Gegenteil, sie erleben sich wie die Frosch-Frau im Märchen angesichts seiner Mutlosigkeit gestärkt. Die Frosch-Frau wird ja förmlich zur Mutter für Iwan: »Warum bist du denn so traurig?«, fragt sie immer wieder einfühlsam. »Sei nicht traurig, geh zu Bett. Der Morgen ist weiser denn der Abend«, spricht sie ihm tröstend und aufmunternd zu, obwohl er sie immer wieder abblitzen lässt und ihr nicht zu vertrauen lernt. Schließlich bringt sie ihn auch noch zu Bett wie einen kleinen Jungen. Während er schläft, zeigt sie vollends eine ganz andere Seite ihres Wesens. Jetzt ist sie Wassilissa, die Allweise, schöner als Sonne, Mond und Sterne, und sie versteht es, die Dinge mit Umsicht, Geschick und Organisationstalent in die Hand zu nehmen und die gestellten Aufgaben brillant zu lösen. In der »Innen-Sicht« der Beziehung ist also sie die Starke und er der Schwache. Sie baut ihn immer wieder auf, stärkt ihm den Rücken und verhilft ihm zum Erfolg. Draußen kann Iwan wieder glänzen. Mit dem Brot, das sie gebacken, und mit dem Kleid, das sie genäht hat, ist er der Beste. Sie selbst aber wird als Fröschlein wieder unscheinbar und tritt in den Hintergrund.

Wie ist denn so etwas auf Dauer aufrechtzuerhalten? Wie

ist erklärbar, dass dies nach außen hin die »Beziehungsrealität« bleibt, obwohl sich doch nach innen eine ganz andere Realität zeigt? Es ist im Märchen, wie es auch bei vielen der genannten Paare zu erleben ist. Die Frau ist ganz und gar auf den Mann bezogen. Wassilissa, die Allweise mit all ihren Fähigkeiten, ist dies nur für ihn, nicht für sich selbst! Für sich selbst ist sie ein Nichts. Am Morgen, wenn es ihm wieder gut geht, hat sie als Wassilissa ihre Berechtigung verloren. Erst wenn er am Abend deprimiert nach Hause kommt, bricht ihre Zeit wieder an. Seine Schwächen mobilisieren ihre Stärken. Wenn er befriedigt von dannen zieht, ist sie auch zufrieden und kann wieder zum Fröschlein werden. Ohne ihn ist sie nichts, ihre Stärke lebt vom Bezogensein auf ihn. Wir werden noch sehen, womit das zusammenhängt.

Iwan tut im Übrigen das Seine dazu, dass es so bleibt. Einerseits klagt er zwar immer wieder über das Schicksal, dass ein Frosch seine Frau ist. Er, der Kühnste und Schönste, wünscht sich natürlich sehnlichst eine Vorzeigefrau. »Kann ich mich denn mit dir vor allem Volke zeigen?«, lässt ein anderer deutscher Nacherzähler des Märchens Iwan nach der dritten Aufgabenstellung klagen.

Sie liefert ihm eine Probe ihrer Stärke nach der anderen, aber Iwan scheint es nicht zu bemerken. Er nimmt es nicht als Zeichen, dass in dem Frosch noch etwas anderes stecken muss, nimmt es nicht zum Anlass, sein Bild von ihr zu überprüfen. Eins ums andere Mal traut er ihr wieder nicht zu, die gestellte Aufgabe zu lösen. Er besteht förmlich darauf, dass sie ein unfähiger Frosch bleibt. Ist das nicht genau die Methode, die wir auch von den Männern in den erwähnten Paarbeziehungen kennen? Mehr oder weniger offen, mehr oder weniger versteckt untergraben sie, ohne es meist ausdrücken zu wollen, das Selbstvertrauen ihrer Frauen. Sie reiten mit zersetzender Kritik immer auf deren schwachen Punkten herum, zweifeln grundsätzlich an allem, was sie

Neues ausprobieren wollen und wissen immer alles noch ein bisschen besser, so dass sie das Gefühl bekommen: Es ist aussichtslos, ihm gegenüber schaffe ich es doch nicht!

Auf diese Weise wirken beide dazu zusammen, die »offizielle« Beziehungsrealität zu erhalten: Er ist ein Prinz, sie ist ein Frosch. Dass sie auch eine allweise Wassilissa ist und er auch ein kleiner, deprimierter, jammernder Iwan: Das bleibt allen, oft auch den Beteiligten selbst, verborgen.

Wir können hier deutlich erkennen, wie durch ein bestimmtes Zusammenspiel zweier Menschen Beziehungsrealitäten geschaffen werden, die die Wirklichkeit verzerren oder nur noch sehr ausschnitthaft zur Geltung kommen lassen. Beide haben sich auf eine bestimmte »Definition« ihrer Beziehung geeinigt, die da lautet: er oben – sie unten. Dieser Beziehungsdefinition wird Gültigkeit zugeschrieben, obwohl sie mit dem, was zwischen den beiden tatsächlich passiert, nicht übereinstimmt. Sie legen sich damit auf eine »starr komplementäre« Beziehung fest. Komplementär ist dieses Beziehungsmuster, weil es auf Ergänzung und Anpassung angelegt ist, Wettstreit und Konkurrenz fehlen in der Beziehung völlig. Die Frosch-Frau ist immer für Iwan da. Starr ist dieses Muster, weil die Positionen »oben« und »unten«, jedenfalls offiziell, immer gleich bleiben. Er dominiert, sie passt sich an. Seine Werte, seine Normen, seine Bedürfnisse haben Gültigkeit und bestimmen das gemeinsame Leben. Sie ist ganz darauf bezogen und ordnet sich ihnen unter. Es gibt keine Versuche ihrerseits, eigene Vorstellungen zur Geltung zu bringen, oder sie bleiben zaghaft und werden von ihm entmutigt. Dabei könnte sein »Oben« gar nicht aufrechterhalten werden, wenn nicht die Frau mit ihrer ganzen Energie den Sockel bauen würde, auf den er sich dann stellen kann.

Unschwer ist in diesem Beziehungsmuster die Extremform der »patriarchalen Ehe« zu erkennen, wie wir sie heute noch immer, oft in geradezu grotesker Ausprägung, erleben und wie wir es aus einer jahrhundertealten Tradition, aus der jüdischen wie aus der griechischen, den Hauptquellen unserer Kultur, übernommen haben. Diese patriarchale Beziehungsform ist ja patriarchal nur nach außen, sozusagen offiziell. Nach innen, im Binnenraum der Beziehung, ist sie oft genauso einseitig matriarchal – von der Frau dominiert, so wie es auch das Märchen sehr schön zeigt. Darum ist es auch keineswegs so, wie oft gesagt wird, dass es sich dabei um ein einseitiges Ausbeutungsverhältnis handeln würde, in dem die Männer die Täter und die Frauen die Opfer sind. Denn beide »profitieren« aus dieser Beziehungsform, auch die Frosch-Frauen, nicht nur die Iwans. Denn sein Glanz fällt ja auch auf sie. In seinen Strahlen kann sie sich sonnen. Dabei ist sie der Notwendigkeit und des Risikos enthoben, selber zu leuchten. Sie kann es ihm überlassen, sich zu exponieren. Dabei hat sie als immer nur selbstlos Gebende eine hohe moralische Genugtuung. Während er im Lebenskampf Schläge empfängt und Schläge verteilt, muss sie sich die Hände nicht schmutzig machen. In reiner Selbstlosigkeit leuchtet ihr Licht, und sie fühlt sich darin heimlich ihrem Iwan oft himmelhoch überlegen, dessen Bedürftigkeit und Gier sie in ihrem Herzen gründlich verachtet.

Es ist also kein einseitiges Ausbeutungsverhältnis, wohl aber ein gegenseitiges! Denn *beide* beuten einander aus, selbst wenn sie sich bewusst und freiwillig auf dieses Beziehungsarrangement geeinigt haben. Denn gewisse Dinge stehen nicht zur Disposition. Iwan kann nicht seine Blüten allein auf ihrem Boden treiben. Auch wenn sie ihm anbietet, sein Boden zu sein, ist es dennoch ein Übergriff auf ihre unveräußerlichen Rechte. Und sie kann ihn nicht allein für sich blühen lassen. Auch wenn er das bereitwillig tut, er wird sich eines Tages ausgenützt fühlen. Es gibt ein gewisses Maß an Eigenständigkeit, das jeder selbst entwickeln muss und nicht vom andern borgen kann.

Iwan braucht seinen eigenen Boden: eigene Zuversicht, eigenes Vertrauen, eigene Fürsorglichkeit für sich selbst. Das kann nicht alles die Frosch-Frau für ihn aufbringen. Und die Frosch-Frau braucht eigene Blüten und Früchte, eigene Ziele, eigene Aufgaben, einen eigenen Sinn für sich selbst, das lässt sich nicht allein von Iwan borgen. Versuchen Paare es trotzdem, beginnen sie Hass aufeinander zu sammeln, Hass darüber, dass sie sich in ihrer Entwicklung gegenseitig blockieren. Denn dieses Beziehungsarrangement bedeutet ja, dass er sie auf eine Mutterrolle festlegt und sie ihn auf die Rolle des kleinen Jungen. Sie lässt sich in dieser Beziehung als Mutter benutzen, die ihn aufpäppelt und fit macht für die nächste Runde im Lebenskampf, und er lässt sich zum kleinen Jungen machen, der mit seinen glänzenden Taten die Mutter erfreut. Es dürfen also elterliche und kindliche Qualitäten in der Beziehung leben, aber keine männlich-weiblichen. Die erotische Qualität kommt einer solchen Beziehung immer mehr abhanden, das Ressentiment auf den anderen, weil er die Entwicklung dieser Qualität behindert, nimmt immer mehr zu. Wie Iwan fängt der Mann an, die Frau immer mehr zu verachten, sich von ihr zu distanzieren und sich gegen sie zu wehren, und wie Wassilissa wird sie sich ihm immer mehr und mehr entziehen und als Frau für ihn unerreichbar machen. Dies führt uns jedoch bereits in die Krise dieser Beziehung, und so weit sind wir in unserem Märchen noch nicht fortgeschritten.

Kehren wir zurück zum Ausgangspunkt. Der Frosch und Iwan hier am Anfang des Märchens – und Wassilissa und Iwan am Ende: Welch ein Gegensatz! Am Anfang die wechselseitige Ausbeutung, am Ende die Liebe. Am Anfang die Karikatur, eine patriarchale Ehe, am Ende ein gleichberechtigtes Paar. Sagen wir nicht, dieses patriarchale Ehemuster hätten wir hinter uns. Sicher ist es als Leitbild heute weitgehend außer Kraft gesetzt. Aber in uns drinnen wirkt es noch kräftig nach. Unsere Gesellschaftsstruktur und Arbeitswelt lassen es immer wieder aufleben, denken wir nur an den übermenschlichen Arbeitsstress, dem viele Männer ausgesetzt sind, so dass es kein Wunder ist, wenn sie wie Iwan eine mütterlich-tüchtige Wassilissa brauchen, die sie immer wieder aufrichtet und vor dem Zusammenbruch bewahrt. Außerdem: Die Beziehungsbilder, die wir in uns tragen, sind davon geprägt. Viele von uns haben Vater und Mutter so miteinander erlebt, und was wir als Kinder am Modell unserer wichtigsten Beziehungspersonen lernen, das prägt sich uns tief ein. Jeder weiß, wie er als Ehemann oder Ehefrau oft viel mehr diesem alten Modell gleicht, das er ablehnt, als dem neuen Leitbild, das er verficht! Und schließlich gibt es noch ureigenste Antriebe in uns selbst, die uns zu diesem Muster drängen. Sie stammen aus den früheren Beziehungserfahrungen unserer Kindheit und drängen darauf, alte ungestillte Beziehungsbedürfnisse in der heutigen Beziehung zu stillen und deshalb ein patriarchal-matriarchales Muster zu etablieren, anstelle eines erwachsen-gleichberechtigten. Iwan steckt (fast) in jedem Mann, und die Frosch-Frau (fast) in jeder Frau. Iwan und die Frosch-Frau sind unsere Geschichte und unser Schicksal. Darum sollten wir uns durch unser heutiges Beziehungsideal der Gleichberechtigung nicht verleiten lassen, Iwan und Wassilissa in uns zu verleugnen. Verleugnete Anteile unserer Person verschwinden nicht, sondern werden destruktiv. In Krisensituationen bricht plötzlich der Macho durch, und die große Wassilissa ist plötzlich der kleine Frosch. Darum ist es besser, Iwan und die Frosch-Frau in uns aufzusuchen und darauf aufmerksam zu werden, wie sehr sie unser Beziehungsleben noch bestimmen. Nur dann können wir uns mit ihnen in Bewegung setzen, in den Prozess hinein, den das Märchen von den beiden schildert.

Damit das möglich wird, müssen wir aber mit dem Märchen zurück an den Beginn dieser Beziehungsgeschichte, da, wo die beiden einander zum ersten Mal begegneten.

Denn am Anfang von Liebesbeziehungen ist meist wie in einem Brennspiegel die gesamte Dynamik dieser Beziehung bereits »gesammelt«. Welche verborgenen Wünsche und Bedürfnisse »eigentlich« das Wesentliche dieser Beziehung ausmachen, wird hier – freilich oft nur für den Außenstehenden, nicht für die Beteiligten – überdeutlich. Der Anfang der Beziehung gibt Aufschluss über den tieferen Sinn und die tiefere Notwendigkeit, warum gerade diese beiden sich treffen »mussten«, und macht deutlich, welche Entwicklungsaufgaben die beiden und wir mit ihnen zu lösen haben, um vom Iwan und der Frosch-Frau des Anfangs zu Iwan und Wassilissa am Ende des Märchens zu gelangen.

Der große und der kleine Iwan

Weit hinter den blauen Meeren und hinter den sieben Bergen, da lebten einmal ein Zar und eine Zarin. Lang hatte der Zar in der Welt gelebt, und er hatte zu seinem Beistand drei Söhne, drei Zarewitsche. Alle drei waren jung und kühn. Am kühnsten aber und am schönsten war der jüngste, Iwan-Zarewitsch.

Eines Morgens ließ der Zar seine drei Söhne kommen und sprach: »Meine Kinder, ihr seid alt genug, um zu heiraten, ihr sollt Frauen bekommen. Darum nehmt eure Pfeile und Bogen, geht an die Grenze der Gemarkung und schießt eure Pfeile ab. Und wo euer Pfeil niederfällt, dort geht hin und freiet.« Also zogen die drei Zarensöhne zur Grenze, und es schoss der älteste. Sein Pfeil flog in den Hof eines Bojaren, und der älteste Zarensohn ging hin und freite die Bojarentochter. Es schoss der zweite. Sein Pfeil flog in das Haus eines Kaufmanns, eines reichen Mannes, und der zweite Zarensohn ging hin und freite um die Kaufmannstochter. Es schoss Iwan-Zarewitsch, und sein Pfeil flog auf zur Sonne, und man sah ihn nicht herniedersinken. IwanZarewitsch suchte einen Tag, und er suchte auch noch einen zweiten Tag, und am dritten Tag, …

Was für ein Mensch ist dieser Iwan zu dem Zeitpunkt, da er die Froschprinzessin trifft und die beiden ein Paar werden?[7] Er ist ein Königssohn, ein Zarewitsch, der jüngste von dreien. Als Jüngster scheint er aber zunächst nicht, wie das oft in Märchen, in denen drei Brüder vorkommen, der Fall ist, der Dümmste, Einfältigste oder Benachteiligte zu sein. Er wird vielmehr als der Kühnste und Schönste der drei geschildert und als derjenige, der den Pfeil am weitesten zu schießen weiß. Aber er erleidet dann doch das häufige Schicksal der jüngsten Söhne. Er hat den anderen gegenüber Pech. Während diese wenigstens Frauen aus Fleisch und Blut finden, führt ihn sein Pfeilschuss zu einem Frosch.

Wie lässt sich dieses Geschehen psychologisch verstehen? »Lang hatte der Zar in der Welt gelebt... Eines Morgens ließ (er) ... seine drei Söhne kommen und sprach: ›Meine Kinder, ihr seid alt genug, um zu heiraten, ihr sollt Frauen bekommen.‹« Aus diesen Sätzen ergibt sich, dass ein Generationswechsel ansteht. Der Lebensbogen des alten Zaren neigt sich zu seinem Ende. Die Söhne sollen heiraten, und damit soll die Voraussetzung für die Nachfolge geschaffen werden. Der Zar leitet, ohne uns und den Söhnen dies weiter durchsichtig zu machen, eine Art Ausscheidungsverfahren ein, das einen würdigen Nachfolger erweisen soll. Denn es scheint von großer Bedeutung zu sein, welche Frauen die Söhne nach Hause bringen, und dies wiederum scheint mit der Qualität des Pfeilschusses zusammenzuhängen. Jedenfalls scheint Iwan-Zarewitsch zu hoffen, dass er mit dem besten Pfeilschuss auch die beste Frau nach Hause bringen und sich damit als Thronfolger empfehlen wird.

»Nehmt eure Pfeile und Bogen, geht an die Grenze der Gemarkung und schießt eure Pfeile ab. Und wo euer Pfeil niederfällt, dort geht hin und freiet.« Der Zar schickt seine Söhne aus dem Haus, dem Bereich der Kindheit, hinaus an die Grenze zur Welt der Erwachsenen. Es gilt, die alten Grenzen zu überschreiten und in Neuland vorzustoßen. Dies ist eine Krisensituation, sie macht gewöhnlich Angst und bringt an den Tag, was in der Kindheit zu wenig vorbereitet wurde. Viele junge Menschen, vor allem junge Männer, kommen an dieser Schwelle ihres Lebens in ernste Krisen. Mit dem Pfeil der eigenen, noch unsicheren Männlichkeit in die unbekannte Weite des Erwachsenenalters vorzudringen, löst zuweilen sogar Panik aus, vor allem dann, wenn ein übermächtiger Vater oder eine festhaltende Mutter sie nicht auf diesen Schritt vorbereitet haben. Dass unsere drei mit solchen Vorerfahrungen zu tun haben könnten, klingt in unserem Märchen an, wenn der Zar sie, die bereits Herangewachsenen, nach wie vor »Kinder« nennt und sie, ohne sie über die Situation und sein Vorhaben auch nur mit einem Wort aufzuklären, einfach losschickt.

Junge Menschen in dieser Situation fühlen sich manchmal überfordert. Sie weichen gerade an solchen Wendepunkten ihres Lebens in Krankheiten, Passivität, Drogen oder Psychosen aus. Solche Symptome im jungen Erwachsenenalter sind keine Seltenheit. Sie sind Versuche, sich der befürchteten Überforderung zu entziehen, Zeichen einer missglückten Ablösung und unbewusste »Strategien«, den als zu abrupt erlebten Schritt ins Erwachsenenalter hinauszuzögern.

Auch in unserem Märchen scheint sich ein solches Misslingen des Ablöseprozesses abzuzeichnen. Alle drei Söhne nehmen zwar ihre Pfeile, gehen an die Grenze und schießen. Aber, wie sich später herausstellt, schießen die beiden Älteren zu kurz, und Iwan, der Jüngste, schießt zu weit. Die Pfeile der Älteren landen beim Bojaren und beim Kaufmann. Deren Töchter werden an den gestellten Aufgaben scheitern, der Zar wird sie aus dem Hause jagen. Stehen die beiden im Schatten des großen Vaters? Wagen sie es nicht, den Pfeil ihrer Männlichkeit so weit zu treiben, dass er zu einer würdigen Frau findet? Kapitulieren sie von allem Anfang an, weil es ohnehin aussichtslos erscheint, es diesem Vater gleichzutun? Oder aber – was sich oft mit dieser Resignation mischt, obwohl es wie das Gegenteil aussieht – ist der ungenügende Pfeilschuss ihre Form der Rebellion gegen den Vater? Wie in vielen anderen Märchen fällt auf, dass die älteren Brüder keine Mühe an den Tag legen, die von ihnen erwartete Leistung zu erbringen. Ist das ihre Methode, der Übermacht ihres Vaters ein Schnippchen zu schlagen? Zu versagen ist jedenfalls ein häufiger Weg von Söhnen, leistungsbetonte Väter kleinzukriegen. Dies ist ihre Weigerung, erwachsen zu werden. Sie setzen sich mit den gestellten Aufgaben nicht auseinander, sondern weichen aus.

Der Jüngste tut gerade das Gegenteil. »Es schoss Iwan-Zarewitsch. Sein Pfeil flog zur Sonne, und man sah ihn nicht herniedersinken. » Iwan tritt die Flucht nach vorne an. Er will der Kühnste und Schönste sein. Vielleicht ruht das Auge des Vaters auf ihm besonders hoffnungsvoll. Vielleicht hat er am meisten die Last seiner Erwartung zu tragen. Und außerdem: Er hat zwei ältere Brüder. Als Kind war er ihnen körperlich unterlegen – für viele Jüngste oft eine verletzende Dauerkränkung. Jetzt schickt ihn der Vater wie die anderen »an die Grenze«. Das ist seine Chance. Jetzt kann er sie vielleicht überflügeln. Iwan jagt seinen Pfeil bis zur Sonne, und man sieht ihn nicht mehr herabkommen. Die anderen schießen zu kurz, er schießt über das Ziel hinaus. Während die anderen vor dem Vater kapitulieren, versucht er seine Erwartungen zu übertreffen. Er will über sich selbst hinauswachsen, er will es ihnen allen »zeigen«.

Iwan-Zarewitsch scheint ein typischer »Jüngster« zu sein. Die Geschichte der Jüngsten ist oft davon geprägt, dass sie unter ihrer Kleinheit als Kind gelitten haben. Die älteren Geschwister haben oft über sie gelacht, den Vater haben sie als unerreichbar erlebt, und für die Mutter waren sie der »liebe Junge«, das letzte ihrer Kinder, das sie gerne für sich und darum klein behalten wollte.

Wenn Iwan den Pfeil bis zur Sonne schießt, heißt das auch: Er »überidentifiziert« sich mit dem männlichen Prinzip, mit der männlichen Welt. Mit ungeheurer Anstrengung versucht er dorthin zu gelangen, wo er Stärke, Kraft und Größe für sich erhofft. Das aber bedeutet andererseits, dass er das weibliche Prinzip in sich abwehrt. Anders als der Frosch im Grimmschen Märchen, der den weiblichen Seiten seiner Mutter nachlebt und seine Männlichkeit nicht entwickelt, wehrt Iwan sich gegen die Mutter, lehnt das Weibliche überhaupt ab und geht, um es endlich loszuwerden, mit fliegenden Fahnen ins männliche Lager über. So identifizieren sich die »Iwans« als die Kühnsten mit einer extrem einseitigen Männlichkeit. Sie werden Machtmenschen, Verstandesmenschen, Geistesmenschen, Politiker, Manager, Professoren, Geistliche; sie sind als solche einsame Spitze, aber eben »einsam«, das heißt ohne die Fähigkeit zu echter Bezogenheit – und »Spitze«, das heißt, es fehlt ihnen das Runde, Volle, Satte, eben das Weibliche. Sie haben es nicht integriert, aber auch nicht wirklich überwunden. Wie Iwan kippen sie plötzlich und werden der weinerliche, deprimierte kleine Junge, der zu Hause die Mutter dringend braucht, damit sie ihn aufrichtet und tröstet. Sie sind in höchstem Maße krisenanfällig und bedroht, selbst wenn das auf Grund ausgeklügelter »Sicherheitssysteme«, mit denen sie sich umgeben, nicht mehr nach außen sichtbar wird. Solche Sicherheitssysteme sind ihre Intelligenz, ihre Tüchtigkeit, ihre Kreativität, alles, worin sie »Spitze« sind. Aber unmittelbar neben dieser Grandiosität lauert die Depression: »Da geriet er in einen Sumpf, und er suchte einen Ausweg.«

Die Dinge haben aber immer zwei Seiten. Den Pfeilschuss des Jüngsten kann man als das Bild einer »krankhaften Entwicklung« sehen. Verglichen damit sind die Pfeilschüsse der Brüder die viel »normaleren«. Die andere Seite aber ist, dass die Älteren sich damit der gestellten Lebensaufgabe verweigern, während der Pfeilschuss des Jüngsten eine Entwicklung in Gang setzt, die sich zwar in einem dramatischen und krisenhaften Prozess vollzieht, letztlich aber doch der viel produktivere Weg ist. Damit wird das Märchen zu einer kritischen Anfrage an eine weitverbreitete Auffassung, nach der als krankhaft das abweichende, als gesund das unauffällige, weil angepasste Verhalten angesehen wird. Der durchweg unangepasste, ja exzentrische Iwan findet Wassilissa und damit sein Glück, den älteren unauffälligen Brüdern dagegen wird die Herrschaft verweigert. Jene Weltsicht, die gesund mit angepasst und krank mit abweichend gleichsetzt, wäre aber nicht überwunden, sondern im Grunde nur bestätigt, würde das Märchen nun Iwan ausschließlich als den Gesunden, die Brüder ausschließlich als die Kranken hinstellen. Das Märchen tut dies nicht, es kennt überhaupt die Kategorien gesund und krank nicht. Alle drei Pfeilschüsse und ihre Ergebnisse haben ihre Problematik. Jeder hat, um es so zu sagen, seine Neurose, das heißt sein unerledigtes Lebensproblem, das ihn begleitet, sich in alle gegenwärtigen Lebensbezüge einmischt und ihm Mühe bereitet, jeder hat seine irrationalen Ängste und seine ungestillten Bedürfnisse, die eine heile Welt in weite Ferne rücken. Unterschiedlich ist nur, wie damit umgegangen wird. Die Brüder schießen zu kurz, Iwan zu weit. Beides symbolisiert einen destruktiven Umgang mit dem jeweiligen Lebensproblem. Beides kann zu einem zwanghaften, immer wiederkehrenden unproduktiven Muster werden. Aber es gibt einen Unterschied: Iwan ist der Leidenschaftlichere im Vergleich zu seinen Brüdern. Pathos, Leidenschaft, innere Glut zeichnen ihn aus. Sie lassen ihn nicht zur Ruhe kommen. Iwan geht weiter, sucht weiter, kämpft weiter – auf vielen Irrwegen zwar, aber er bleibt dabei lebendig. Das macht seinen Weg produktiv, das bringt ihn gegenüber seinen Brüdern weiter.

Freie Partnerwahl?

Da geriet er in einen tiefen Sumpf, und er suchte den Ausweg. Und wie er so suchte, da sah er einen Pfeil bei einem Frosche liegen. Schon wollte er sich umwenden, da rief ihm der Frosch zu:

»Iwan-Zarewitsch, du suchest doch deinen Pfeil! Nimm deinen Pfeil, nimm aber auch mich mit, sonst wirst du nie mehr aus diesem Sumpf herausfinden.«

Was blieb Iwan-Zarewitseh anderes übrig, er nahm seinen Pfeil, packte den Frosch und schob ihn in seine Rocktasche, ging traurig zu seinem Väterchen, dem Zaren, und sprach:

»Sieh an, ich kann doch keinen Frosch zur Frau nehmen.«

Solche »Übermänner« wie Iwan fühlen sich innerlich sehr unsicher. Sie sind viel kleiner, viel mehr von Angst getrieben, als es nach außen sichtbar wird. Sie geraten außerhalb ihrer gewohnten Umgebung und außerhalb ihrer eingespielten Berufsrolle plötzlich in einen Sumpf, in dem sie zu versinken drohen. Unsicherheit, Depression und Hilflosigkeit überfallen sie. Darum suchen sie jemanden, der ihnen Halt bietet. Aber an selbstbewusste, starke Frauen trauen sie sich nicht heran, aus Angst, die könnten sie festhalten, ihnen ihre Männlichkeit rauben, wie ihre Mutter. Jedenfalls für eine Dauerbeziehung meiden sie diese Frauen, obwohl sie natürlich in ihren Träumen den Kopf voll von tollen Superfrauen haben, die ihrer Schönheit und Kühnheit neuen

Glanz verleihen könnten. In ihrer Partnersuche landen sie aber meist bei einem kleinen Frosch-Fräulein. Hier finden sie ihren Pfeil wieder. Iwan will natürlich keine solche Partnerin haben und sucht das Weite. Aber die Frosch-Frau will mitgenommen werden.

Im Gegensatz zu ihrer späteren Sanftheit und Zurückhaltung zeigt sie hier eine ganz andere Seite. Ähnlich wie der Frosch im Grimmschen Märchen, allerdings viel weniger direkt, wie es einem weiblichen Frosch in einer patriarchalen Gesellschaft ziemt, weiß sie zu drohen: »Nimm aber auch mich mit, sonst wirst du nie mehr aus diesem Sumpf herausfinden.« Das Frosch-Fräulein spürt sehr wohl, wo der große Iwan zu packen ist. Intuitiv spürt sie seine seelische Notlage, aber auch sein Problem, sich zu binden. Da muss eine leise Drohung nachhelfen, eine vage Unglücksverheißung oder eine Klage, die schlechtes Gewissen macht. Männer wie Iwan haben Probleme, sich von Frauen abzugrenzen, wenn sie mit ihren Wünschen konfrontiert sind. Sie sind ja auch gute Söhne ihrer Mütter, die es also Frauen recht machen wollen. Darum kommen sie in große Schwierigkeiten, wenn sie so angegangen werden. Außerdem will er ja aus dem Sumpf heraus, und dazu braucht er sie.

Aber auch das Frosch-Fräulein braucht ihn. Sie sieht in ihm die Chance, zu einem ansehnlichen Mann zu kommen. Darum packt sie hier, was man ihr gar nicht zutrauen würde, so fest zu. Es geht umgekehrt wie im »Froschkönig« der Brüder Grimm: Hier ist der Mann der Kühnste und Schönste und die Frau der Frosch. Sie verspricht sich von seinem Glanz die Erlösung aus ihrer Froschhaut. Dafür ist sie hier die Hilfreiche (und versteckt Dominante), die Mütterliche, die ihm in seiner Haltlosigkeit Orientierung und Unterstützung verspricht: »Ich weiß den Weg aus dem Sumpf! Mit mir zusammen wirst du es schaffen.« Dass sie ein kleines Fröschlein ist, ist dabei von Vorteil. So gemahnt sie ihn nicht zu sehr an seine Mutter und macht ihm darum keine Angst.

Iwan braucht sie gerade so, wie sie ist. In dieser Umkehrung ist das Beziehungsmuster allerdings doch wieder sehr ähnlich wie im »Froschkönig«: Die Basis der Beziehung ist nicht Liebe, sondern Bedürftigkeit. Einer verspricht sich vom andern, was ihm fehlt. Die eigenen Entwicklungsdefizite sollen vom andern ausgefüllt werden.

»Was blieb Iwan-Zarewitsch anderes übrig ...« Damit wird die existentielle Not und »Notwendigkeit« dieser Partnerwahl ausgedrückt, und es ist eine Tatsache, dass sehr viele Beziehungen so entstehen: Nicht aus Liebe in Freiheit, sondern aus dem Zwang innerer Not. Unsere »freie Partnerwahl« ist nicht wirklich frei. Früher bestimmten die Eltern äußerlich den Ehepartner, heute tun sie es innerlich. Innerlich fühlt Iwan sich ihnen gegenüber noch so klein, dass er eine andere Frau gar nicht finden könnte. Um sich stark zu fühlen, muss er sie »in die Rocktasche schieben« können. Dabei meldet sich freilich sogleich wieder die andere Seite, die des Schönen und Kühnen, der sich die tollste aller Frauen erträumt. Darum geht er traurig zu seinem Väterchen, dem Zaren, und jammert: »Ich kann doch keinen Frosch zur Frau nehmen.«

So oder ähnlich sieht oft die Vorgeschichte des Mannes in der »patriarchalen Ehe« aus. Der harte Politiker, der glänzende Professor, der risikofreudige Manager wird in seinem Handeln von einem kleinen, angstvollen Iwan bestimmt, der den Bogen überspannt, um es seinen Brüdern und seinem Vater zu zeigen, aber im Bemühen, von seiner Mutter los- und auf eigene Füße zu kommen, landet er in seiner Partnerwahl bei dem kleinen Fröschlein.

Der kleine Frosch – die große Wassilissa

Wie Iwan seine Frau finden »musste«, das ist aus dem Zusammenhang des Märchens recht deutlich geworden. Über das Frosch-Fräulein, das sich so geheimnisvoll in der Nacht zur schönen Wassilissa wandelt, erfahren wir auf den ersten Blick nicht viel. Um ihre Geschichte und ihre Partnerwahl zu verstehen, müssen wir die Hinweise aus dem ganzen Märchen zusammensuchen.

Sie ist ein kleiner unscheinbarer Frosch. Der mächtige Druck, den sie mit ihrem ersten Satz auf Iwan ausübt, macht deutlich, wie existentiell wichtig es für sie sein muss, diese Beziehung zustande zu bringen. In diesem ersten Kontakt der beiden ist die ganze spätere Beziehung enthalten: Nach außen ist sie das Fröschlein, das er in die Tasche steckt, aber nach innen bestimmt sie das Geschehen. Sie erzwingt die Beziehung. Ihr Druck lässt Iwan keine Wahl. Was für eine Frau bildet sich in diesem Frosch-Fräulein ab?

Der alte Mann, dem Iwan später begegnet, sagt über sie: »Wassilissa wurde klüger und mächtiger als ihr Vater. Deshalb hat er sie in einem unbedachten Augenblick in einen Frosch verwandelt.« Bei einem anderen Nacherzähler lautet die Stelle: »Wassilissa, die Weise, kam klüger und gewitzter als ihr Vater zur Welt, und aus Zorn darüber machte er sie für drei Jahre zum Fröschlein.«

Wer ist dieser Vater? Wir erfahren das nicht direkt aus diesem Märchen, können es aber aus anderen Wassilissa-Märchen der russischen Tradition erschließen: Ihr Vater ist der »unsterbliche Koschtschej«[8] selber, der sie in unserer Geschichte nach der Trennung von Iwan in Gewahrsam nimmt. Der unsterbliche Koschtschej nämlich ist oft identisch mit dem »Wasser-Zaren«[9], und dieser wiederum erscheint in anderen Märchen als der Vater Wassilissas. Koschtschej hat sie also aus Zorn darüber, dass sie klüger und mächtiger war oder wurde als er selbst, in einen Frosch verwandelt.

Eine typische, tragische Vater-Tochter-Geschichte scheint hier angedeutet, die verständlich macht, warum Wassilissa als Frosch-Frau gerade Iwan zum Partner wählen musste.

Koschtschej heißt übersetzt »der Knochige«. Er ist mächtig, hart und grausam. Er tritt immer als Feind des Weiblichen auf und trennt die Heldin von ihrem Helden, sobald die Liebenden irgendeinen Fehler begehen. Er wird »der Unsterbliche« genannt, aber dies hat eher die Funktion einer Maskerade, die Eindruck erwecken soll, denn der angeblich Unsterbliche wird letzten Endes in den Märchen ständig überwunden, besiegt, getötet. Sein Leben, so wird gesagt, ist »in der Spitze einer Nadel«. Diese Nadel ist mit komplizierten Sicherheitssystemen umgeben: Sie ist in einem Ei, dieses ist in einer Ente, die Ente in einem Hasen, der Hase in einer Kiste, und die Kiste ruht unter einer Eiche. Aber die Nadel ist zerbrechlich, und sie befindet sich außerhalb seiner selbst. Trotz der undurchdringlich erscheinenden Abschirmung ist seine Lebenskraft somit in höchstem Maße gefährdet. Das Spitzige, das Knochige, die Frauenfeindlichkeit: Das deutet wiederum auf eine einseitige, extrem betonte Männlichkeit hin, und das Runde, in sich Ruhende, Erdhafte, das Weibliche fehlt ihm völlig. Hier zeigt sich überraschend eine Parallele zum Pfeil und zum überzogenen Pfeilschuss Iwans am Anfang des Märchens. In der einseitig betonten Männlichkeit sind sich die beiden ähnlich.

Dieser Koschtschej ist Wassilissas Vater. Die Tochter hat seinen Zorn erregt, und darum musste sie zum Frosch werden. Koschtschej und Wassilissa: Das erinnert mich an so manche Vater-Tochter-Geschichte, die ich in stark patriarchal-strukturierten Familien kennengelernt habe. Zum Beispiel fällt mir ein solcher »Koschtschej« auf einem norddeutschen Bauernhof ein, ein harter, arbeitsamer Mann, Haupt einer fünfköpfigen Familie, Herr über einen stattlichen Hof.

Alle Felder, die ihm gehörten, lagen rund um den Hof. So sah »Koschtschej« auch sich selbst: als Mittelpunkt der Familie, die er als Besitz betrachtete. Damit er sich anerkannt fühlen konnte, durfte niemand an dieser Position rütteln. Dabei war er keineswegs ein Unmensch. Er liebte seine Familie, vor allem seine Töchter und von ihnen besonders eine, seine »Wassilissa«, die sich als besonders zupackend, vital und tüchtig zeigte, schon als kleines Mädchen. Das imponierte ihm. Aber er vermochte seine Liebe nicht zu zeigen, außer durch seinen Besitzanspruch. Wenn »Wassilissa« auf seinen Schoß kletterte, um ein wenig mit ihm zu schmusen, streckte er ihr den spitzen Stoppelbart hin und lachte darüber, wenn die Kleine verstört das Weite suchte. Er wusste nicht, wie man mit einem kleinen Mädchen umgeht, er brachte kein zärtliches Wort über seine Lippen und er konnte, als sie größer wurde, unheimlich hart werden, wenn sie ihre eigenen Interessen vor die seinen oder die der Familie stellte. Blieb sie einmal länger bei einer Freundin, konnte es sein, dass er sie unbarmherzig schlug und erniedrigte. An Kontakt zu Jungen war schon gar nicht zu denken. Aber mit guten Schulnoten konnte sie ihn beeindrucken, das merkte sie, und vor allem, wenn sie im Haus und auf dem Feld kräftig zupackte, dann erzielte sie Wirkung bei ihm. Sie bekam mit, dass er nach außen hin, vor anderen, kräftig mit ihr prahlte, also offenbar mächtig stolz auf sie war. So gab er ihr indirekt immer wieder zu verstehen: »Du bist in Ordnung, wenn du ganz für mich da bist. Dann bist du für mich wichtig … sogar wichtiger als die Mutter!«

Diese Mutter war kränklich und schon relativ alt, als das

Mädchen zur Welt kam. Die junge und vitale »Wassilissa« musste den Eindruck bekommen: Eigentlich wäre ich die viel bessere Frau für ihn! Verstärkt wurde dies noch, als der Hof in wirtschaftliche Turbulenzen geriet. Weil sie immer wieder abgewiesen worden war, wollte die Mutter von diesen Dingen nichts mehr wissen, sie zog sich zurück, »Koschtschej« aber kam in arge Schwierigkeiten. Der Hof war sein Ein und Alles, sozusagen die Nadel, in deren Spitze seine Lebenskraft saß. »Wassilissa« spürte seine Not, über die er nicht reden konnte. Anstatt sich um ihr eigenes Leben zu kümmern, zermarterte sie sich Tag und Nacht das Gehirn, wie sie ihm nur helfen könnte. So lernte sie, wie man eine Menge Tüchtigkeit, Kraft, Klugheit und Durchhaltevermögen entwickelt, aber nicht für sich, nicht für eigene Ziele, sondern nur für andere, für ihn und für die Familie. Die Tüchtigkeit für sich selber nutzbar zu machen, das war mit strengsten Verboten belegt.

»Koschtschejs« Zorn traf »Wassilissa« immer dann, wenn sie etwas für sich wollte. Immer wenn sie weise und mächtig für sich selber sein wollte, bedeutete das für ihn: weiser und mächtiger als er. »Koschtschej« konnte sich nur vorstellen: Entweder ist sie ganz für mich da, oder ich bin nichts mehr für sie. Dagegen kämpfte er mit aller Macht. Dies war sein Bannfluch, der »Wassilissa« mehr und mehr zur Frosch-Frau werden ließ, die ihre Fähigkeiten nur noch im Verborgenen und für ihn entfalten konnte.

In ihrer Mutter hatte sie leider keine Alternative, denn diese hatte den Kampf um ihre Eigenart schon lange aufgegeben. Sie diente still und resigniert. Damit gab sie unbeabsichtigt der Tochter dieselbe Aufforderung noch einmal: Kümmere du dich um den Vater, mach ihn zufrieden, gib es auf, für dich etwas zu wollen!

So oder ähnlich ist das Kindheitsschicksal vieler »Wassilissas«. Dabei ist wichtig zu beachten, dass das weibliche Potential solcher Frauen durchaus vorhanden ist. Es hat ja trotz allem auch viele Entwicklungsanstöße und Herausforderungen erfahren. Auch die erotische Seite fehlt keineswegs, denn sie spielt unausgesprochen oft eine große Rolle in solchen Vater-Tochter-Beziehungen. Aber das alles bleibt gebunden im väterlichen Bereich. Frau ist sie nun für »ihn«. Sie darf sich nur entfalten, wenn sie sich für ihn »aufopfert«. So wie der Vater auf dem Hof inmitten seiner Felder regiert, regiert er auch mitten in ihrem Herzen. Wenn sie dann »Iwan« trifft, dann hofft sie vielleicht, dass dieser Kühnste und Schönste ihre Weiblichkeit vom Vater löst. Er ist jünger und attraktiver, also scheint er ganz anders zu sein als der Vater. Und er befindet sich in einer Notlage. Intuitiv benützt sie diese als Zugang, ohne dabei zu merken, dass sie genau dasselbe wieder einzufädeln beginnt: Er wird sie brauchen, das wird ihr Gelegenheit geben, ihre Wassilissa-Seiten voll auszufahren – aber wieder nur »für ihn«. Dasselbe Muster wie mit ihrem Vater beginnt sich wieder abzuzeichnen. Denn Iwan, der Pfeilschütze, hat in Wirklichkeit viel mehr Ähnlichkeiten mit dem knochigen, aber brüchigen Koschtschej, als es zunächst den Anschein hat. Wassilissa stellt im Märchen selbst diese Verbindung her. Das Brot wird für Iwan so gebacken, »wie es mein Väterchen speiste«, und das Kleid wird so genäht, »wie es mein Väterchen trug«. Nur in der Nacht, wenn es niemand sieht, wird sie wieder Wassilissa sein. Am Tag bleibt sie der Frosch, damit Iwan und in ihm das »Väterchen« der Große bleibt!

Wenn Iwan und das Frosch-Fräulein so zu einem Paar werden, spielt dann dabei die erotische Liebe zueinander überhaupt eine Rolle? Sie heiraten sich aus der spezifischen Beziehungsdynamik ihrer Herkunftsfamilien heraus, also weil sie sich brauchen, nicht weil sie sich lieben. Aber stimmt denn dieser Gegensatz? Ich habe im »Froschkönig«[10] Brauchen und Lieben als Gegensätze bezeichnet, und in gewissem Sinn stimmt das nach wie vor. Brauchen und Lieben rein für sich genommen schließen sich aus. Denn

Brauchen heißt, dass ich den andern auf mich beziehe, im Extremfall ihn mir »einverleibe«. Liebe dagegen ist Hingabe, also Bezogenheit auf den anderen. Die Bewegungsrichtung ist die umgekehrte. Dennoch sind Brauchen und Lieben eng miteinander vermischt. Darum möchte ich diese Gegensatzformulierung modifizieren.

Was ist eigentlich Liebe? In Platons berühmtem »Gastmahl« antwortet einer der Teilnehmer auf diese Frage mit einem alten Mythos. Die Menschen – jeweils Mann und Frau – waren in fernen Zeiten am Nabel zusammengewachsen. Dieses vollkommene Menschenwesen wurde den Göttern zu mächtig, deshalb trennten sie es. Seither sucht die eine Hälfte die andere: Das ist der Eros, die Liebe.

Liebe wird hier gesehen im Zusammenhang mit Vereinigung von »männlich« und »weiblich« zu einer ursprünglicheren, umfassenderen Einheit. Liebe ist demnach die Triebkraft zur Vereinigung der Gegensätze in einer umfassenden Ganzheit. Diese Ganzheit, die ein Symbol für das Göttliche ist, suchen und ersehnen wir. Dieses Suchen nach der Ganzheit ist die geheime Antriebsfeder jeder Liebe.

Auch Iwans und der Frosch-Frau gegenseitiges »Brauchen« ist bei allen problematischen Anteilen ein Suchen und Abbilden dieser höheren Einheit. Jeder sucht beim anderen oder mit Hilfe des anderen seine »andere Hälfte« und damit die größere Ganzheit und Fülle des Lebens. Darum ist dieses gegenseitige Brauchen auch schon ein Lieben – auf einer noch sehr unreifen Stufe. Diese Unreife bringt es mit sich, dass die Verbindung der beiden auf dieser Stufe des Brauchens wieder aufgelöst werden muss, damit ein weiterer Reifungsprozess zu einer neuen Ganzheit auf höherer Ebene möglich wird. Auch hier ist es darum gefährlich, eine Liebe wie zwischen Iwan und Wassilissa neurotisch oder krankhaft zu nennen. Denn es geht nicht darum, etwas Krankes zu beseitigen, was zum Beispiel heißen könnte, diese Beziehung wieder aufzulösen, sondern es geht darum, etwas Unreifes reifen zu lassen, zu läutern, zu verwandeln. Dazu braucht es ein »Hindurchgehen«, ein »Durchleben« und ein »Durchleiden«. Anders ist reife Liebe nicht zu haben.

Nimm sie immerhin…

»Nimm sie immerhin«, sprach der Zar, »vielleicht ist sie dein Schicksal.« Also wurde die Brautkrone über Iwan-Zarewitsch und den Frosch gehalten, und so waren sie einstweilen verheiratet.

So wie im »Froschkönig« die Prinzessin kurz nach ihrem Eheversprechen dem Frosch davonläuft, so versucht auch in unserem Märchen der Zarewitsch den Konsequenzen seines Versprechens zu entrinnen. Er beklagt sich bei seinem Vater: »Sieh an, ich kann doch keinen Frosch zur Frau nehmen!« Und wie im »Froschkönig« der Vater der Prinzessin, so sorgt auch hier das »Väterchen Zar« dafür, dass das Begonnene nicht rückgängig gemacht, sondern weitergeführt wird: »Nimm sie immerhin … vielleicht ist sie dein Schicksal.«

Wie der Zar das hier sagt, klingt es allerdings abgeklärter und versöhnlicher als die Moralmaxime des Königs bei den Brüdern Grimm (»Was du versprochen hast, das musst du auch halten!«). Vielleicht ist es dieser weisere Ton, der mir eine Überlegung nahegebracht hat, die mir im Nachhinein nun auch den Vater im »Froschkönig« in freundlicherem Licht erscheinen lässt.[11] Eigentlich ist es ja ärgerlich, was der Zar hier und der König dort sagen. In hellem Zorn könnte man antworten: Du hast gut reden, mit deinem »Nimm sie nur«. Bist du nicht selber Schuld an dieser unmöglichen Partnerwahl deines Kindes, die so viel Leid und Plage über das Paar bringen wird? Du solltest mehr Verständnis für Iwans Not aufbringen, eigentlich müsstest du Schuldgefühle haben, eigentlich müsstest du ihm helfen, dass er da wieder herauskommt!

Natürlich ist es richtig: Hätten die Eltern ihr Kind wirklich annehmen können, hätten sie sein Selbstbewusstsein mehr gestärkt, hätten sie seiner Geschlechtsentwicklung mehr Unterstützung angedeihen lassen, Iwan müsste heute keinen Frosch freien und Wassilissa wäre kein auf einen Iwan angewiesener Frosch. Dennoch sagt der Zar, von solchen Überlegungen anscheinend nicht beunruhigt: »Nimm sie … vielleicht ist sie dein Schicksal.« Bringt er damit vielleicht die Einsicht zum Ausdruck, dass niemand von uns es seinen Kindern ersparen kann, die elterlichen Defizite und Verbiegungen mit in das eigene Leben hineinzunehmen? Das konnten unsere Eltern uns nicht ersparen, und wir können es unseren Kindern nicht abnehmen. Auch wenn wir uns noch so bemühen, Therapien machen und psychologische Bücher lesen, wir geben nicht nur Segen weiter, sondern auch Fluch.

Früher, bevor wir an den Erkenntnissen der Tiefenpsychologie teilhatten, waren wir geneigt, die Eltern zu entschuldigen und zu idealisieren. Heute, nachdem wir zum Beispiel Alice Millers Bücher gelesen haben[12], neigen wir dazu, sie zu beschuldigen, zu verteufeln und uns selbst als Eltern mit Schuldgefühlen zu plagen.

Hinter beidem, der Idealisierung wie der Verteufelung, steckt ein und dasselbe Ideal: das scheinbar humanistische Ideal einer heilen Natur des Menschen. Demnach muss es möglich sein, nur positiv, nur liebevoll und fördernd zu sein. Es darf nicht sein, dass Eltern – unsere Eltern und wir selbst als Eltern – Segen *und* Fluch weitergeben. Natürlich ist dieses Ideal gut, solange es dem ehrlichen Bemühen dient, im Umgang mit Kindern selbstkritisch, aufrichtig und aufmerksam zu sein. Es wird aber destruktiv und unmenschlich, wenn wir mit Hilfe dieses Ideals die Realität verleugnen. Und die Realität ist, dass wir beides an unsere Kinder weitergeben: Segen *und* Fluch. Dies ist nicht vermeidbar, weder bei unserer Erbmasse, die wir auch mit ihren dunklen Anteilen weitergeben, noch bei dem sozialen Geflecht mit seinen Unrechtsstrukturen, das wir mitgeschaffen haben und immer wieder neu schaffen und in das wir unsere Kinder hineinweben. Wir geben schließlich auch unsere Begrenzungen weiter, die unseren Kindern viele schöne, wichtige und auch nötige Lebensbereiche verschließen, und ebenso unseren inneren »Dämon«, wie Eric Berne die tiefsitzende zerstörerische Neigung in uns genannt hat. Mit all dem bestimmen und beeinträchtigen wir die Lebensbedingungen und Startchancen unserer Kinder. Dies ist die psychologische Wahrheit der Lehre von der Erbschuld, die ja nicht im moralischen, sondern in diesem schicksalhaften Sinn von Schuld spricht. Unser Familiensystem, dem wir angehören und an dem wir weiterbauen, ist von Generationen her bestimmt auch von Unrecht, Bosheit und Einengung. Wir sind dem ausgeliefert, und Kinder zu zeugen und zu gebären heißt, sie diesem Geflecht ebenfalls auszuliefern.

Wir können diesem Erbe nicht entrinnen, und wir werden es auch nicht völlig »gereinigt« weitergeben. Wenn wir dies erzwingen wollen, ergeht es uns genau wie Iwan, der mit seinem übermenschlichen Pfeilschuss seiner Geschichte entrinnen wollte: Wir fallen gerade voll in sie zurück.

Darum sagt der Zar in anderen Worten: »Es gibt keine Alternative. Die Frosch-Frau ist eben die Frau, die dir, so wie du heute bist, entspricht. Darum nimm sie!« – Wie der weitere Verlauf des Märchens zeigt, versteht Iwan das noch lange nicht. Er hadert weiter mit seinem Schicksal, wie seine immer wiederkehrende Traurigkeit zeigt. Offenbar fühlt er sich festgelegt, in der Falle. Seine großen Ideen rücken in die Ferne, seine Auserwählung zum Thronfolger scheint in Frage gestellt, seine strahlende Männlichkeit blamiert. Er sieht noch nicht, dass diese Partnerwahl, weil sie seinem

Entwicklungsstand entspricht, ihm genau jene Entwicklungsaufgabe stellt, die für ihn jetzt dran ist. Seine Aufgabe ist es nämlich, ein Stück des Fluches, den er geerbt und der ihn auch in diese Beziehung hineingeführt hat, mit Hilfe eben dieser Beziehung in Segen zu verwandeln. Das ist unsere Aufgabe: nicht aus dem geerbten Schicksal herauszuspringen, sondern es, wo es fluchbeladen ist, ein Stück weit in Segen zu verwandeln.

In den Märchen, vor allem in den russischen, spielt sich dieser Verwandlungsprozess oft auf dem Schauplatz der Beziehung zwischen Mann und Frau ab. Das ist psychologisch gesehen nicht zufällig: In der Partnerbeziehung wird alles wieder aktualisiert, was wir in den Beziehungserfahrungen unserer Herkunftsfamilie an schlimmem Erbe übernommen haben. Alles, was wir da nicht bekommen haben, lebt als Wunsch in der Paarbeziehung wieder auf; alles, was wir da Schlimmes erlebt haben, wollen wir in der Partnerbeziehung nicht mehr erleben oder fürchten, es wieder zu erleben; alles, was wir da an Bewältigungsstrategien und Ausweichmanövern entwickelt haben, wiederholen wir in der Partnerbeziehung. Das Bedürfnis nach Ausgleich für erlittenes Unrecht richten wir auf den Partner, um es an ihm zu stillen. Unsere Mutter-, Vater- und Geschwisterbeziehungen bestimmen als *das* Modell von Beziehung unser Leben mit späteren Partnern. Ist das nicht schlimm? Es ist schlimm – und es ist eine einmalige Chance! Denn dadurch, dass das alles in der Paarbeziehung wieder aktualisiert wird, wird es ja auch heutiger Bearbeitung zugänglich. Unsere Blockaden von damals tauchen wieder auf und können sich lösen, unsere Unreife von damals wird wieder aktuell und kann nachreifen. Die Ungerechtigkeit, die wir erlitten, wird wieder erlebbar und kann – anders freilich, als wir es unbewusst angestrebt haben – einen Ausgleich erfahren. Dazu gehen wir Beziehungen ein, die nicht nur vorübergehend, sondern auf Dauer und verbindlich sind. Sie schaffen den Raum und die Zeit, den anstehenden Reifungsprozess nicht mehr zu übergehen, sondern den Fluch zu transformieren, ein Stück Destruktivität und Lebensfeindlichkeit abzubauen und der Liebe und dem Leben neuen Raum zu schaffen. Das ist die Aufgabe Iwans und Wassilissas als Paar, und dazu schickt sie der Zar auf den Weg, wenn er sagt: »Nimm sie immerhin … vielleicht ist sie dein Schicksal.«

Beziehungskrise als Entwicklungschance

Bald darauf ließ der Zar wiederum seine drei Söhne kommen. Und er befahl ihnen, dass sie mit ihren Frauen geschmückt zu seinem Palaste kommen sollten. Traurig ging Iwan-Zarewitsch nach Hause.

»Warum bist du denn so traurig?«, fragte seine Frau, der Frosch.

»Warum soll ich nicht traurig sein? Mein Väterchen, der Zar, befiehlt, dass ich mit dir geschmückt zu seinem Feste kommen soll.«

»Sei nicht traurig«, sprach sie, » geh einstweilen allein, aber wenn du es donnern hörst, dann sprich: ›Dies ist meine Frau, der Frosch, die nun angefahren kommt.‹«

Und so ging Iwan-Zarewitsch alleine zum Palaste des Zaren. Dort waren schon seine beiden älteren Brüder mit ihren Frauen, die sich aufgeputzt hatten, und sie verspotteten ihn. Plötzlich aber ertönte ein lauter Donner, so dass die Gäste des Zaren erschrocken von ihren Sitzen aufsprangen.

»Erschreckt nicht«, sprach Iwan-Zarewitsch, »dies ist nur meine Frau, der Frosch, die angefahren kommt.«

Und zum Palaste des Zaren kam eine goldene Kutsche, bespannt mit sieben Schimmeln, und heraus stieg Wassilissa, die Allweise, sie war schöner als Sonne, Mond und Sterne, sie war schöner, als man es in einem Märchen erzählen kann. Sie ergriff Iwan-Zarewitsch bei der Hand, und sie setzte sich mit ihm zur Tafel. Sie speiste vom Schwanenbraten, und sie steckte die Knöchelchen in den rechten Ärmel, und sie trank vom Wein, und sie schüttete die Neige in den linken Ärmel. Die beiden Schwägerinnen, die beobachteten sie ganz genau und machten ihr alles nach. Dann aber ergriff Wassilissa, die Allweise, Iwan-Zarewitsch bei der Hand und führte ihn zum Tanze, und sie schwenkte den linken Ärmel, und es entstand ein See, und sie schwenkte den rechten Ärmel, und es schwammen Schwäne darauf. Die beiden Schwägerinnen, die ihr alles nachmachten, die beschmutzten nur die Gäste, so dass der Zar sie erzürnt davonjagte. Iwan-Zarewitsch aber ritt heimlich nach Hause, und er suchte so lange, bis er die Froschhaut fand, und da nahm er sie und verbrannte sie. Bald darauf kam Wassilissa, die Allweise, angefahren. Und als sie ihre Froschhaut nicht mehr fand, da erschrak sie, und sie sprach zu Iwan-Zarewitsch:

»Wehe, was hast du getan? Hättest du noch drei Tage gewartet, dann hättest du mich erlöst. So aber muss ich von dir. Suche mich hinter dreimal neun Reichen, hinterm dreimal zehnten Zarenreich, beim unsterblichen Koschtschej.«

Und sie verwandelte sich in einen Schwan und flog zum Fenster hinaus.

Dieser Abschnitt des Märchens schürzt den dramatischen Knoten. Er zeigt uns, wie Iwan und die Frosch-Frau in die Krise ihrer Beziehung geraten.

Wir haben gesehen: Die Lebensläufe der beiden, ihrer beider Skripts, wie Eric Berne dies genannt hat[13], passen genau ineinander. Dies benützen die beiden jedoch, wie es meist der Fall ist, zunächst noch nicht, um sich in ihrer Entwicklung gegenseitig voranzubringen, sondern um zu vermeiden, was anzugehen anstünde. Iwan, der hinter der Maske des kühnsten aller Pfeilschützen den kleinen hilflosen Jungen verbirgt, »benützt« seine Frau in ihrer stillen Stärke, damit er nach außen weiter glänzen kann. Weil sich aber die starke Wassilissa in ihrer Froschhaut verbirgt, darum wird er in seinem schwachen Selbstwertgefühl nicht in Frage gestellt und kann sich mit ihr zusammen als der Große fühlen. Wassilissa wiederum »benützt« ihren Mann, indem sie ihn nach außen das leben lässt, was sie sich nicht erlauben darf. So hat sie teil daran und kann weiterhin vermeiden, selber groß zu sein. Iwan vermeidet in dieser Beziehung, mit seiner eigenen Kleinheit und seinem Elend konfrontiert zu werden. Er kann diese Kleinheit auf seine Frau abschieben, dort mit Verachtung und Kritik bekämpfen und so von sich wegschieben. Wassilissa aber vermeidet, sich ihrer Stärke und ihrer weiblichen Potenz zu stellen, also »weiser und mächtiger zu sein als ihr Vater« und damit den Kampf mit ihm aufzunehmen. Sie kann ihre starken Seiten auf ihren Mann abschieben, sie dort bewundern (und heimlich bekämpfen) und von sich fernhalten. Dazu halten beide die starre Komplementarität der Beziehung aufrecht, von der wir gesprochen haben, und alle gegenteiligen Erfahrungen – seine dauernden Depressionen und ihre offenkundige Meisterschaft – bleiben ausgeblendet zugunsten ihrer Beziehungswirklichkeit »Iwan – Zarewitsch – Frosch«. Insofern ist es richtig zu sagen, dass eine solche Beziehung immer der Versuch ist, sich den alten Problemen, dem alten Beziehungsdrama der Herkunftsfamilie, nicht zu stellen, und viele Paare benützen ihre Beziehung dazu jahrelang. Aber irgendwann kommt dieser Versuch in die Krise, wobei diese Krise manchmal erst durch einen Paartherapeuten »induziert« werden muss, und dann beginnt sich die Beziehung vom Abwehrmanöver in einen Entwicklungsweg zu verwandeln.

Kehren wir zum Märchen zurück. Der Erzählverlauf legt zweierlei nahe: Einmal scheinen die den Söhnen und ihren Frauen gestellten Aufgaben im Zusammenhang mit der Thronfolge zu stehen. Der Zar scheint prüfen zu wollen, welches Paar das würdigste für die Nachfolge ist. Zum andern haben die Aufgaben mit dem Osterfest zu tun, denn der Zar sagt, dass er das Brot Wassilissas beim Osterfest essen und ihr Kleid beim Osterfest tragen will, und man fragt sich, ob das Fest, auf dem die dritte Aufgabe zur Entscheidung kommen soll, nicht sogar im Rahmen dieses Osterfestes stattfindet und ob es nicht unmittelbar die Herrschaftsübergabe an das würdigste Paar einleiten soll. Da Ostern das Fest der Wandlung und des neuen Lebens ist, würde dieses Vorhaben sehr gut dazu passen.

So hätte der alte Zar alles sorgfältig geplant und vorbereitet. Aber leider wird nichts daraus. Keines der drei Paare erweist sich als würdig. Die Frauen der beiden älteren Brüder versagen völlig und werden vom Zaren davongejagt, Wassilissa glänzt zwar, aber Iwan zerstört ihren Erfolg, so dass sie ebenfalls weichen muss. Offenbar ist es noch nicht soweit. Keines der drei Paare ist der Aufgabe schon gewachsen. Das Fest des Lebens muss vertagt werden.

Dass drei Brüdern drei Aufgaben gestellt werden, ist ein bekanntes Motiv aus vielen Märchen. Interessant ist, dass der Zar damit hier nicht die Söhne selbst, sondern ihre Frauen auf die Probe stellt, und zwar mit Aufgaben, die einen typisch weiblichen Charakter haben: Brot soll gebacken werden, das Leben nährt, ein Kleid soll genäht werden, das Leben schützt, und beim Fest des Lebens, beim Osterfest, sollen sie sich in ihrer ganzen Schönheit zeigen. Von der Bewährung in diesen drei Aufgaben macht es der Zar abhängig, wem die Herrschaft übertragen wird. Steht dahinter die Überzeugung, dass nur ein Mann, der eine reife Frau hat, einer verantwortungsvollen öffentlichen Aufgabe gewachsen ist? Eine reife Frau als Partnerin zu haben, könnte vom Zaren als Zeichen gewertet werden, dass auch der zugehörige Mann ein reifer, erwachsener Mensch ist, und dies wiederum ist er ja nur, wenn er auch die Frau in sich, seine eigenen weiblichen Seiten, zur Entfaltung gebracht hat. Unter diesem Gesichtspunkt sieht es freilich recht schlecht mit Iwans Brüdern aus. Deren Frauen versagen völlig. Für die Knechte und Mägde, für den Stall und die Badestube ist gerade gut genug, was sie zustande gebracht haben. Die im Vergleich mit Iwan und seiner Frosch-Frau viel normaleren Paare zeigen sich von Vornherein und endgültig als die Entwicklungsunfähigen. Die bizarre, unmögliche Partnerwahl Iwans dagegen erweist sich als entwicklungsträchtig, trotz aller Probleme, die die beiden miteinander haben. Iwan und Wassilissa sind zwei Menschen mit leidenden, brennenden Herzen, Menschen, die auf der Suche sind. So kann zuweilen in der Verrücktheit und im bizarren Beziehungschaos mancher Paare viel mehr Lebendigkeit liegen als in angepasster Normalität. Immer wieder denke ich, wenn ich Paare in Therapie mit anderen vergleiche, die viel unauffälliger sind und die zum Beispiel nie auf die Idee kämen, eine Therapie zu machen: Eigentlich sind diese schwierigen Paare doch die viel gesünderen. Denn sie fragen, leiden, suchen und – lieben. Oft ist es eine Liebe voller Schmerz und Qual, die sie verbindet, aber es ist Liebe und damit Leben, während die »normalen« Paare erstarrt sind und in den Aufgaben, die das Fest des Lebens stellt, völlig versagen, so wie die älteren Söhne mit ihren Frauen.

Das heißt allerdings nicht, dass Paare wie Iwan und Wassilissa nicht ihre großen Schwierigkeiten zu bewältigen hätten. Denn auch sie stürzt die dritte Aufgabe in eine schwere Krise.

Es geht bei der dritten Aufgabe darum, dass die Söhne sich mit ihren Frauen beim Fest öffentlich zeigen. Sich mit einer Frau als »seiner« Frau öffentlich zu zeigen, bringt Männer wie Iwan in tausend Nöte. Wir haben gesehen: Nach außen schämt er sich ihrer wegen ihrer Unansehnlichkeit. Hinter dieser Scham steckt etwas Tieferes: Sich öffentlich mit seiner Frau zeigen heißt zu ihr stehen, dazu stehen, dass ich mich entschieden habe, an diese Frau gebunden zu sein. Alle anderen – tollen – Möglichkeiten sind damit offiziell ausgeschlossen. Droht Iwan, der Kühnste, der Schönste, damit nicht in der totalen Bedeutungslosigkeit zu versinken und ausgelacht zu werden, wie es die Frauen der anderen Söhne auch tatsächlich tun? Männer wie Iwan fürchten offiziell deklarierte Bindungen über alles, weil damit ihre in der Phantasie aufrechterhaltene Großartigkeit auf ein normales Maß gestutzt würde, sie ihre – ebenfalls phantasierte – Freiheit zu verlieren drohen und in bedrohliche Nähe von Mutters festhaltenden Armen geraten. Darum vermeiden sie oft – wo es gesellschaftlich möglich ist –, überhaupt zu heiraten. Wo es nicht vermeidbar ist, zeigen sie sich möglichst wenig mit ihren Frauen in der Öffentlichkeit und halten sich mit Vorliebe in Kegel-, Sport- und anderen Männerclubs auf, und wo sich schließlich ein Zusammensein mit ihren Frauen nicht vermeiden lässt, demonstrieren sie manchmal auf äußerst kränkende Weise, dass sie mit ihr nicht viel am Hut haben.

In Iwans Not, mit dem Fröschlein aufs Fest zu gehen, kommt aber noch etwas Weiteres zum Tragen: Männer wie Iwan fürchten, wenn sie sich mit ihrer Frau in der Öffentlichkeit zeigen, könnte ihr Besitzanspruch leiden. Sie könnten die Kontrolle über sie verlieren.

Zunächst scheint dies in unserer Geschichte noch nicht das Problem zu sein. Iwan schafft es zunächst ganz gut, wieder auf des Fröschleins beruhigende Worte einzugehen und ihr die Angelegenheit zu überlassen. Er geht zunächst allein zum Fest. Wassilissa zeigt nun zum ersten Mal, wer sie wirklich ist. Sie kommt mit sieben Schimmeln und im goldenen Wagen angefahren und entsteigt ihm in ihrer ganzen Schönheit. Sie zeigt sich so zum ersten Mal – aber nicht unter vier Augen und nur vor Iwan, sondern auf dem großen Fest vor allen Leuten. Es ist, wie ich es manchmal bei Wassilissa-Frauen erlebe: Die Zeit ist nicht stehengeblieben. In aller Stille hat sich – manchmal ihnen selbst unbewusst – eine gewaltige Entwicklung getan. Während ihre Männer damit beschäftigt waren, immer wieder ihre Pfeile mit übermenschlicher Anstrengung zur Sonne zu schießen und dabei ihre eigene Weiterentwicklung vergessen haben, haben sie sich gewandelt. Offenbar ist ihr Hausfrauendasein, der tägliche Umgang mit den Fragen von Leib und Seele ihrer Kinder, der Austausch mit anderen Frauen, offenbar ist diese Lebensform doch die entwicklungsträchtigere verglichen mit der Leistungswelt ihrer Männer. Jedenfalls stellt sich heraus: Sie haben diese weit überholt. Sie haben sich von ihnen gelöst und begonnen, ihr Frau-Sein selber in Besitz zu nehmen. Oft wagen sie es aber noch nicht, als diese neue Wassilissa-Frau ihrem Mann direkt gegenüberzutreten. Sie brauchen andere Leute, um sich zu zeigen. Dann wundert sich ihr Iwan, wie sie plötzlich loslegt, sprüht und funkelt, flirtet und diskutiert, während sie zu Hause, mit ihm zusammen, wieder zum Fröschlein wird.

Das kränkt seine Eitelkeit (»Bei anderen kannst du, aber bei mir…!«), und es macht ihm Angst. Es macht ihm angst, die Kontrolle über sie zu verlieren, plötzlich nicht mehr oben zu sein.

Dazu gibt es ja auch Grund. Im Märchen erweist sich Wassilissa als der Star und Mittelpunkt des Abends. Sie ist eindeutig die Führende. Sie ergreift Iwan-Zarewitsch bei der Hand und setzt sich mit ihm zu Tisch. Und sie ergreift ihn nochmals bei der Hand und führt ihn zum Tanz. Schön ist dieses Bild: Die strahlende Wassilissa nimmt den ängstlichen Iwan, der nicht weiß wie ihm geschieht, in ihren Tanz mit hinein. Gerade der Tanz in den vielen Formen, in denen er uns heute wieder zugänglich wird, hat viele dieser Frauen in ihrer weiblichen Stärke erweckt, und ich weiß nur zu gut aus eigener Erfahrung, welche Mühe wir Männer haben, uns mit in diesen Tanz hineinnehmen zu lassen. Er ist etwas so anderes als das Pfeilschießen, das wir gewohnt sind, er ist so körperlich, so wiegend, so rund. Wir sträuben uns dagegen, er macht uns Angst, weil er eine so andere Daseinsform abbildet als jene, die wir täglich üben. Wassilissa ist nun mit einem Mal wirklich der Star des Abends. Mit ihren Kunststücken bezaubert sie die anwesenden Gäste, was den Frauen der Brüder durchaus nicht gelingen will. Wenn die Lebendigkeit in einem Menschen aufbricht, verleiht ihm dies einen besonderen Zauber, der andere fasziniert, ja verzaubert. Es ist ein Wunder, so spektakulär wie die Kunststücke, die uns das Märchen von Wassilissa berichtet.

Es käme jetzt darauf an, dass Iwan sich wirklich auf diesen wunderbaren Tanz Wassilissas einließe, dass er in den Entwicklungsstrom, der seine Frau erfasst hat, eintauchen könnte und sich mittragen ließe. Dann wäre die Aufgabe gelöst. Zweifellos würde der alte Zar ihnen dann die Krone aufsetzen.

Aber so weit ist Iwan noch nicht. Er lässt sich nicht wirklich auf Wassilissa ein. Heimlich reitet er nach Hause, sucht so lange, bis er die Froschhaut gefunden hat und verbrennt sie. Der Pfeilschuss hat ihn wieder eingeholt. Er bleibt nicht bei ihr. Er muss sich wieder von ihr distanzieren. Eigenartige Angst von uns Männern, solche Nähe auszuhalten, dabei zu bleiben, sich einzulassen! Iwan sagt kein Wort, er macht sich seine eigenen Gedanken und verschwindet einfach vom Fest. Eigenartige Angst von uns Männern, dass wir die wichtigen Dinge, die uns bewegen, nicht zur Sprache bringen. Alles könnte geklärt werden, wenn er mit ihr reden würde. So wird es erst klar, als es zu spät ist. Iwan nimmt die Dinge selber in die Hand, er reitet, sucht und verbrennt – und macht alles falsch. Eigenartige Angst von uns Männern, den Dingen ihre Entwicklung zu lassen und zu vertrauen, dass in manchen Dingen die Frauen besser wissen als wir, was dran ist! Es ist ja auch ganz positiv, dass Iwan nun endlich etwas in die Hand nimmt in der Beziehung, nachdem er bisher nur passiv und deprimiert herumhing. Aber leider macht er genau das Falsche.

Iwan kann die Nähe nicht ertragen, Iwan kann nicht über

die wichtigen Dinge sprechen, und Iwan kann die spannungsreiche Situation nicht aushalten. Er hat keine Geduld, keine »Frustrationstoleranz«. Es muss jetzt plötzlich alles auf einmal und sofort sein. Der Macher Iwan will die Dinge unter Kontrolle haben. Er muss die Froschhaut finden und verbrennen.

Beim Lesen des Märchens versteht man im ersten Moment nicht, warum dies so strafbar sein soll und alles zerstört, wo doch Wassilissa lediglich noch drei Tage Frosch sein sollte und dann ohnehin davon befreit gewesen wäre. Auch denkt man, dass Iwan doch im Sinne Wassilissas handelt, wenn er die Froschhaut verbrennt. Warum ist das so verfehlt? Wie meist stecken in solchen Verständnishürden, über die man beim Lesen stolpert, wichtige Wahrheiten.

Eine solche könnte die Erfahrung sein, dass Entwicklungsprozesse ihre Zeit und ihren Rhythmus brauchen. Wassilissa braucht es, nach ihrem großen Auftritt auch wieder vorübergehend Frosch sein zu dürfen. Phasen der Progression brauchen wieder Phasen der Regression. Ich habe mir von Frauen, die angefangen haben, aus ihrer alten Rolle herauszugehen, sagen lassen, wie viel Energie dies kostet und wie sehr sie darauf angewiesen waren, aus dieser Anstrengung wieder in die Rolle der kleinen Angepassten zurückzukehren und dabei einen Mann zu haben, der dies akzeptiert und nicht höhnisch »siehste« sagt oder ungeduldig Druck ausübt. Genau das kann Iwan nicht. Er kann nicht warten. Er kann nicht unterstützen und im Hintergrund bleiben. Für ihn gibt es kein Auf und Ab der Entwicklung. So wie er immer vorne sein muss, obwohl er es in Wirklichkeit gar nicht immer ist, so verlangt er dasselbe auch und noch viel strenger von Wassilissa. Er kann nicht akzeptieren, dass sie die Regression nach der Progression braucht zur Regeneration und zum Atemholen. Denn er erlaubt sich solche Phasen ja selbst nicht. Sie überfallen ihn zwar wie ein Schicksal, wenn er in seine Depression kippt und jammert, doch akzeptieren tut er es nicht. Die Frosch-Frau muss schnell alles tun, damit er da wieder herauskommt. Darum kann er auch die drei Tage nicht mehr abwarten und zerstört damit die Beziehung.

Iwan unterstützt die Frosch-Frau in ihrem Wandlungsprozess zu Wassilissa nicht, er versucht, sie zur Verwandlung zu zwingen. Darin wird deutlich – das ist der zweite Gedanke, den die sperrige Darstellung des Märchens bei mir anregt –, dass er das alte Beziehungsmuster aufrechtzuerhalten versucht, anstatt es zu verändern. Will er denn wirklich, dass sie nicht wieder zum Frosch wird? Im übertragenen Sinn will Iwan das genaue Gegenteil. Er will nämlich der Bestimmende bleiben, der festlegt, wann Wassilissa die Froschhaut endgültig ablegt. Wenn Wassilissa, dann soll sie Wassilissa von seinen Gnaden sein, nicht aus eigener Kraft. Iwan stellt also nicht Gleichberechtigung her, sondern wieder das alte Beziehungsmuster, er »oben« – sie »unten«.

Ich erinnere mich hier an einen Mann, der wirklich besten Willens war, seiner Frau aus einer Depression zu helfen, dabei aber in penetranter Weise immer alles viel besser wusste als sie und immer noch eins draufsetzen musste, so dass seine Frau in das Dilemma geriet: Entweder stimme ich dir zu, dann habe ich das Gefühl, du bist immer der Tolle, und ich schaffe gar nichts. Oder ich lehne mich dagegen auf, dann bin ich wieder nur die unreife Kleine, die sich gegen all die vernünftigen Vorschläge von dir stellt. Sie konnte es machen, wie sie wollte – immer blieb sie ihm gegenüber in der »unteren Position«, also in der Depression – und das, obwohl er ihr doch wirklich ehrlich und mit ganzer Kraft helfen wollte! Solche Männer sind »Froschhaut-Verbrenner« wie Iwan. Ich kenne das von vielen, die mit bestem Willen keine Patriarchen sein und ihren Frauen bei ihrer Entwicklung ehrlichen Herzens helfen wollen. Sie nehmen ihnen die Kinder ab, sie gehen mit auf Workshops, sie machen Paartherapie mit, lesen psychologische Bücher – und trotzdem ändert sich das Beziehungsmuster nicht. Denn bei all dem müssen sie die Kontrolle behalten. Den Raum für die Entwicklung ihren Frauen wirklich frei zu geben, das macht ihnen noch immer zu viel Angst.

Diese Angst ist eine doppelte: Entweder wird Wassilissa dann nichts mehr von ihm wissen wollen und andere Männer toller finden, oder sie wird ihn beherrschen wollen und klein machen. Es ist dieselbe Angst, die Iwans Pfeilschuss beseelte und seine Partnerwahl bestimmte: die Angst des kleinen Jungen vor der übermächtigen, nicht kontrollierbaren Mutter, die hier auf die Partnerin projiziert wird.

Aber nun ist ein Stadium erreicht, in dem das nicht mehr geht. Wassilissa lässt sich nicht mehr unter Kontrolle bringen. Ihre Entwicklung ist darüber hinaus. »Wehe, was hast du getan? Hättest du noch drei Tage gewartet, dann hättest du mich erlöst. So aber muss ich von dir.« Aus dieser Klage höre ich den Schmerz so mancher Frau, die wie Wassilissa in einen stürmischen und unaufhaltsamen Entwicklungsprozess hineingeraten ist und dabei nichts sehnlicher wünscht, als diesen Weg mit ihrem Mann zusammen gehen zu können; die auch seinen guten Willen sieht, wie auch Iwan mit seiner Verbrennungsaktion guten Willen zeigt, die aber trotzdem spürt, dass er in Wirklichkeit noch nichts verstanden hat und dass bei ihm zu bleiben hieße, auch die eigene Entwicklung wieder aufs Spiel zu setzen, und die darum keine Alternative findet, als »fortzufliegen«. Es ist der Konflikt zwischen der Verpflichtung dem eigenen Leben und seiner Entwicklung gegenüber und der Verpflichtung dem Lebenspartner gegenüber, der sich hier in tragischer Weise zuspitzt.[14] Es gibt keine harmonische Lösung mehr. Jede mögliche Entscheidung fügt Schmerz zu, jede Entscheidung erscheint zerstörerisch, entweder für das eigene Leben oder für die Beziehung.

Das stürzt eine Frau, die von ihrer ganzen Geschichte her daran gewöhnt ist, auf den Mann bezogen zu leben und sich selbst zurückzustellen, in ein furchtbares inneres Dilemma, vor allem dann, wenn auch noch das Leben anderer, das Leben von Kindern, mitbetroffen ist. Oft ist aber im inneren Erleben das Dilemma viel größer, als es demjenigen erscheint, der das Geschehen von außen betrachtet. Ein solcher Beobachter sieht, dass es in derartigen Fällen eigentlich keine Alternative zum »Fortfliegen« gibt. Meist ist es im Interesse aller: Es ist im Interesse der Frau, weil es sich für ihre persönliche Entwicklung als nötig erweist, es ist im Interesse des Mannes, denn sehr oft muss er einen Trennungsschmerz erleiden, damit er zu verstehen beginnt, und es ist oft auch im Interesse der Kinder, denn ein derartig zerstörerisches Beziehungsmuster, wie wir es zwischen Iwan und der Frosch-Frau beobachten konnten, vergiftet auch die Atmosphäre, in der sie aufwachsen, und eine Auflösung dieses Musters bringt oft eine große Entspannung auch für sie. Es ist schließlich auch im Interesse der Mann-Frau-Beziehung, weil in diesem Trennungsschritt sehr oft ein Reifungsprozess in Gang gesetzt wird, der beide zu reiferen Beziehungsformen befähigt, entweder wieder miteinander oder, wenn das nicht mehr möglich ist, mit anderen Partnern.

Das »Fortfliegen« muss ja keineswegs immer eine Trennung im Sinn einer juristisch vollzogenen Scheidung sein. Es gibt auch innerhalb einer Paarbeziehung vielfältige Möglichkeiten, voneinander auf Distanz zu gehen, nein zu sagen und sich dem Besitzanspruch des anderen zu verweigern. Sofort das Gespenst der Scheidung an die Wand zu malen, wenn von Trennung und Distanz die Rede ist, dient meist nur dazu, den Schrecken zu erzeugen, der eine Veränderung innerhalb der Beziehung unmöglich macht. Sich von der Depression des Mannes nicht mehr zur Mutter machen zu lassen, sich abzugrenzen von seinen kindlichen Versorgungs- und seinen patriarchalen Dominanzwünschen, ein eigenes Zimmer einzurichten, eigenständige Beziehungen aufzubauen und vieles mehr, sind solche sehr realen und meist sehr wirksamen Akte des »Davonfliegens«., ohne dass damit über das Schicksal der Beziehung schon endgültig entschieden wäre.

Es gibt noch aus einem weiteren Grund in solchen Fällen wie den beschriebenen keine Alternative zum »Fortfliegen«. Wenn nämlich einer der Partner in einen persönlichen Entwicklungsprozess hineingekommen ist, der andere aber diese Entwicklung durch die eigene Stagnation blockiert, wendet sich das Entwicklungsbedürfnis gegen denjenigen selbst, der mit Rücksicht auf den Partner die nötigen Schritte nicht tut. Eine Trennung erfolgt auch dann, aber eine unbewusste, die sich zerstörerisch auswirkt. Frauen lassen dann ihre Innenwelt aus der Beziehung davonfliegen, so dass sie nichts mehr empfinden und fühlen für den Mann. Oder sie entziehen sich ihm und fliehen in Alkoholgenuss und Depressionen, werden auf diese Weise unerreichbar für ihn und »autonom« auf eine für sie selbst zerstörerische Weise. Wenn man aufbrechendes Leben sich nicht entfalten lässt, sucht es destruktive Wege. Aufhalten lässt es sich nicht. Es gibt eine Verpflichtung sich selbst gegenüber, der man nicht ungestraft entkommt. Auch Menschen, vor allem viele Frauen, die jahrelang darauf trainiert worden sind, von sich abzusehen und auf den »großen Koschtschej« zu blicken, stehen eines Tages vor dieser gebieterischen Verpflichtung, die den Schmerz einer Trennung fordert. Frigidität, Alkohol, Depression, Fressanfälle und ähnliche Erscheinungen sind häufig Anzeichen, dass der eigene Lebensprozess an eine Stelle geführt hat, wo es kein Zurück mehr gibt, außer um den Preis körperlicher und seelischer Erkrankung.

Wassilissa verwandelt sich, um fortzufliegen, in einen Schwan. Das heißt, sie kehrt nicht mehr in die Froschgestalt zurück. Dazu ist offenbar ihre Entwicklung schon zu weit vorangeschritten. Aber sie kann auch noch nicht Wassilissa bleiben. Es reicht noch nicht zur vollen Menschwerdung. Der Schwan gehört als Wasservogel dem Reich der Luft und dem des Wassers an. Schwäne stehen in Märchen oft für Frauen, denen es noch nicht gelungen ist, »ihre Beine auf den Boden zu bekommen« und ganz irdisch zu werden. Die Entwicklung der Frosch-Frau ist zwar im Gang, aber noch nicht an ihrem Ende. Dass sie zu ihrem Vater Koschtschej fliegt, zeigt, was uns schon deutlich geworden ist, dass sie bei ihm und mit ihm noch Unerledigtes zu erledigen hat. An Paarkonflikten wird oft deutlich, was im Hinblick auf die eigene Herkunftsfamilie noch an Unerledigtem zur Bearbeitung ansteht: Iwan hat wie Koschtschej versucht, Wassilissa zu kontrollieren, sie nicht weiser und klüger werden zu lassen als er selbst. Das ist nun zum Konflikt geworden. Aber anders als damals hat Wassilissa verhindert, von ihm wieder zum Frosch gemacht zu werden. Das hat sie zwar von Iwan distanziert, aber es hat den Schritt zum Schwan möglich gemacht, und es hat sie befähigt, nun auch dem furchtbaren Koschtschej gegenüberzutreten und die Konfrontation mit ihm zu wagen. Hier wird deutlich, wie in Paarbeziehungen alte Beziehungsmuster aktiviert werden und auf welche Weise sich dabei die Chance eröffnet, alte Beziehungsdefizite anzugehen.

Entwicklungsphasen der Paarbeziehung

Nun ist er fortgeflogen, der stolze Schwan. Iwan bleibt zurück und weint bitterlich. Wir werden sehen, dass dies der erste Schritt zur Veränderung ist. Geht es denn nur über Trennung? Darauf antworte ich: Ja! Entwicklung und Reifung vollziehen sich nur über Trennung. Ich setze aber sogleich hinzu: Das muss nicht gleichbedeutend sein mit »auseinander gehen«, »sich eine eigene Wohnung nehmen«, geschweige denn, dass es das Gleiche wie »Scheidung« bedeuten müsste. Meiner Meinung nach wird heutzutage häufig zu früh und zu hastig geschieden. Dennoch sage ich: Ohne Trennung keine Entwicklung.

Um dies zu erläutern, muss ich etwas weiter ausholen. Paarbeziehungen – und das hieß früher fast ausschließlich Ehen – wurden in vergangenen Zeiten durch wirtschaftliche und familienpolitische Notwendigkeiten fest zusammengehalten. Außerdem wurde bis nach dem Zweiten Weltkrieg die Stabilität der Ehe durch die kirchliche Lehre gewährleistet, die am prägnantesten in der Eheschließungsformel »bis der Tod euch scheidet« zum Ausdruck kommt. Mit der Unauflöslichkeit war konsequenterweise gegeben, dass man jene Ehe als ideal ansah, die eine immerwährende Stabilität am wenigsten gefährdete, also jene, die am wenigsten von Zwietracht und Konflikt und am meisten von Einheit und Harmonie der Partner geprägt war. Je mehr beide – freilich im Rahmen des beschriebenen patriarchalen Beziehungsmusters – füreinander da waren, je mehr der eine den andern brauchte und je weniger er ohne den anderen leben konnte, desto mehr glich seine Ehe diesem Ideal. Dabei blieb völlig außer Acht, dass der Satz »bis der Tod euch scheidet« im Lauf der Zeit unbemerkt einen großen Bedeutungswandel erfuhr.

Bis ins 19. Jahrhundert hinein war die Lebenserwartung der Menschen insgesamt sehr viel kürzer, vor allem die der Frauen. Viele von ihnen starben – geschwächt durch viel Arbeit und zahlreiche Geburten – meist an damals nicht behandelbaren Infektionen. Die Zahl der Jahre einer Ehe war darum insgesamt viel geringer. Es kam viel häufiger vor, dass ein Mann wegen der hohen Frauensterblichkeit mehrere Frauen hintereinander heiratete. »Bis der Tod euch scheidet«, das bedeutete somit für sehr viele Menschen – vor allem Männer – keineswegs eine »lebenslange Ehe«, und »lebenslang« hatte in einer von ständiger Todesbedrohung bestimmten Atmosphäre eine völlig andere Bedeutung. Das Leben sorgte damals selbst für häufige Trennungen. Auf diesem Hintergrund hatte auch das Ideal von Einheit und Harmonie einen anderen Sinn. Abgesehen davon, dass Einheit und Harmonie damals keineswegs so stark emotional, als Gleichklang der Herzen und der Seelen, verstanden wurden, wie dies heute der Fall ist[15], waren sie durch die Wechselfälle des Lebens ohnehin von Grund auf ständig bedroht.

Heute ist das ganz anders. Die Lebenserwartung der Menschen hat sich nahezu verdoppelt; die Frauen haben inzwischen eine noch erheblich höhere Lebenserwartung als die Männer. Auf diesem Hintergrund hat das Ideal der Einheit verbunden mit dem Anspruch auf immerwährende Dauer eine vollkommen andere Bedeutung bekommen und ist unter psychologischen Gesichtspunkten, wenn es ohne Bedeutungswandel einfach übernommen und auf die Ehe übertragen wird, als gefährlich und destruktiv zu bezeichnen.

Denn das Grundgesetz des Lebens ist Entwicklung, und Entwicklung bedeutet immer eine Abfolge von Phasen der

Vereinigung und Phasen der Auflösung, also der Trennung. Eine bestehende Einheit muss sich, um lebendig zu bleiben, immer weiter ausdifferenzieren, damit eine neue Einheit in einer neuen Form entstehen kann. Dies lässt sich an jeder Zelle, dem Grundbaustein alles Lebendigen, eindrücklich beobachten. Dieser Prozess von Vereinigung und Trennung spiegelt sich wider in unseren beiden Grundbedürfnissen, dem Bedürfnis nach Bindung und dem Bedürfnis nach Autonomie. Das Bedürfnis nach Bindung strebt die Vereinigung an, das Bedürfnis nach Autonomie die Trennung. Denn es geht dabei um Unterscheidung, um Ausbildung der unverwechselbaren Eigenart des Einzelnen. Wenn dieses Autonomiebedürfnis einige Zeit im Vordergrund stand, drängt es mich nach einiger Zeit wieder nach Vereinigung und Verschmelzung. Wenn ich mit jemandem oder mit etwas zur Einheit verschmolzen bin, dann drängt es mich nach einiger Zeit wieder zur Distanzierung und zum Rückzug auf mich selbst, bis dann wieder das Bedürfnis nach Kontakt, Verbindung, Vereinigung in den Vordergrund tritt. Diese Bewegung zwischen den Polen Autonomie und Verbundenheit, zwischen Trennung und Vereinigung, macht das Leben aus. Der höchste Inbegriff von Leben und darum der treffendste Begriff für Gott war deshalb für den Theologen Nikolaus Cusanus die »coincidentia oppositorum«: Gott als die Vereinigung der Gegensätze. Die entgegengesetzten Pole in höchster Ausdifferenzierung, vereinigt zu höchster Einheit und Ganzheit, darin sah Cusanus den tiefsten Ausdruck für Gott. Dieser Rhythmus von Trennung und Vereinigung ist wie für alles Leben auch das Grundgesetz der Paarbeziehung, solange sie lebendig ist. Das heißt aber, und dies widerspricht dem erwähnten Ehe-Einheits-Ideal, Trennung ist nicht im Gegensatz zu einer Paarbeziehung zu sehen, sondern gehört in die Geschichte einer Paarbeziehung hinein. Eine Paarbeziehung braucht Phasen der Einheit und Phasen der Trennung.

Trennung heißt dabei, wie schon erwähnt, nicht einfach »auseinander gehen«. Es bedeutet aber immer irgendeine Form von Distanzierung. Es heißt zum Beispiel seine eigenen Aktivitäten pflegen, seinen eigenen Bekanntenkreis aufbauen, es heißt zum Beispiel einzeln Urlaub machen, und es heißt – unter Umständen auch, einige Zeit, vielleicht sogar lange – nicht mehr miteinander schlafen. Es kann eine Trennung innerhalb derselben Wohnung, desselben Hauses sein, es kann auch ein räumliches Auseinandergehen sein, ohne dass dies alles schon hieße »endgültige Trennung« oder Scheidung. Viel Hass, viel Enttäuschung, viel resignierte Gleichgültigkeit und Langeweile könnten vermieden werden, wenn die Partner nicht den Anspruch auf pausenlose Einheit hätten und solche Phasen der Trennung innerhalb der Beziehung zulassen würden. Der Widerstand gegen die Einheit zeigt in der Regel nicht in erster Linie, dass die Beziehung nicht mehr gut ist, sondern dass eine neue Phase der Individuation, der Ausbildung eigener Autonomie ansteht. Das Leben verlangt Ausdifferenzierung, und wenn sich die Partner dem verweigern, machen sie sich das Leben zur Hölle, weil sie sich dem Fluss des individuellen Lebens entgegenstellen, wie wir es von Iwan, dem Froschhaut-Verbrenner, gegenüber Wassilissa gesehen haben.

Schwierig wird es freilich dann, wenn die Entwicklung nicht parallel läuft, sondern das Autonomiebedürfnis des einen dem Verschmelzungsbedürfnis des anderen widerspricht. Doch solche Disharmonien und Reibungsflächen sind ebenfalls Teil des Lebens. Dank ihnen können die Partner vieles lernen, zum Beispiel das Aushalten einer Situation um des andern willen, auch wenn es gerade für den einen sehr schwer ist, jenes Aushalten also, das Iwan hätte lernen sollen, anstatt die Froschhaut zu verbrennen.

Die Idee, dass es in Paarbeziehungen Entwicklungen in unterschiedlichen Phasen der Trennung und der Vereinigung gibt, erleben viele Paare als wahre Befreiung, als Befreiung von dem zerstörerischen Einheitsideal der Ehe, das sie noch in sich tragen. Darum möchte ich hier in einer Art Zwischenkapitel auf dieses Phasenmodell der Beziehung eingehen. In der Entwicklung von Paarbeziehungen scheint es mehrere und sich in ihrer Abfolge wiederholende Phasen zu geben. Im konkreten Fall lassen sie sich natürlich nicht so fein säuberlich voneinander trennen. Der Orientierung halber sollen sie jedoch hier klar voneinander unterschieden aufgezählt werden:

1. Die Phase der Verschmelzung
2. Die Phase des Widerstands gegen die Verschmelzung
3. Die Phase der Distanzierung
4. Die Phase der Wiederannäherung
5. Die Phase neuer Vereinigung auf einer reiferen Stufe.

Die erste Phase, die Phase der Verschmelzung, ist die Phase der Verliebtheit, in der, wie wir gesehen haben, die vollkommene Vereinigung der Gegensätze vorweggenommen, vorweggeahnt, aber natürlich noch nicht verwirklicht wird. Dies ist eine Phase symbiotischer Einheit. Die zwei verschmelzen quasi zu einer Person, so wie ich es einmal in einem Bahnabteil bei einem verliebten Pärchen erlebte: Sie steckte ihm den zweiten Kopfhörer ihres Walkman ins Ohr, und er streckte ihr gleichzeitig das Buch, in dem er las, zum Mitlesen hin. Jeder verschmolz mit der Tätigkeit des anderen. Weil dies eine Phase symbiotischer Einheit ist, fließen in sie viele unerledigte Probleme aus der Zeit der frühen Eltern-Kind-Symbiose ein. Dies bleibt aber meist unbewusst und unerkannt. Die Partner projizieren ihre Idealbilder aufeinander und haben darum »das wunderbare Gefühl, eins zu sein und sich schon seit Jahrhunderten zu kennen«[16]. Es ist die Phase, in der einer versucht, seine Mängel mit den Stärken des anderen zuzudecken, also sich den andern gewissermaßen »einzuverleiben«, wie wir es bei Iwan und dem Fröschlein am Anfang gesehen haben. Iwan glänzt mit dem Brot, dem Kleid und der Schönheit seiner Wassilissa, und sie geht als Frosch ganz in seiner Größe und Kühnheit auf. So meint mancher kontaktgehemmte Mann sich die Kontaktfreudigkeit seiner Geliebten und manche von Emotionen geschüttelte Frau sich die kühle Klarheit ihres »kopfigen« Geliebten einverleiben zu können. Wie das Baby sich von der Mutter noch nicht zu unterscheiden vermag und nur in ihr sich spiegelnd sich selbst als wertvoll und liebenswert erfährt, so unterscheiden auch Verliebte sich nicht als Individuen voll voneinander und haben das Gefühl, im anderen sich selbst zu finden. Diese Phase wird oft, aber lange nicht immer, als glückseliger Rausch erlebt. Bei Iwan und dem Frosch-Fräulein war es nicht so: Da steht, jedenfalls bei Iwan, die Frustration von Anfang an im Vordergrund. Die symbiotische Vereinigung ist eher ein Wunschbild, eine Sehnsuchtsvorstellung. Das ist oftmals der Fall. Trotzdem halten viele daran fest und gestehen sich die wirklichen Erfahrungen mit dem anderen nicht ein.

Wenn versucht wird, diesen wirklich erlebten oder auch nur ersehnten Zustand auf Dauer festzuhalten, wird er zur Blockade individueller Entwicklung. Die Verschmelzungsphase kann nicht von Dauer sein. Einer oder beide beginnen bewusst oder unbewusst Widerstand zu leisten. Dies kann sich wie bei Iwan im Märchen als ständige Depressivität und Unzufriedenheit eines der Partner ausdrücken, oder auch in plötzlich und unerklärlich ausbrechenden heftigen Streitigkeiten. Stellen sich die Partner solchen Anzeichen nicht, halten sie dennoch an der Verschmelzungsvorstellung fest, kann es sein, dass der Widerstand andere, indirekte Wege sucht: Sexuelle Erlebnisunfähigkeit, Sucht, psychosomatische Erkrankungen stellen sich dann ein. Meistens zeigt sich aber der Übertritt aus der symbiotischen in die widerständige Phase in weniger schwerwiegenden Erscheinungen wie in vielen kleinen täglichen Rangeleien und Streitigkeiten. Sie sind Zeichen, dass die Verschmelzung in der Wirklichkeit oder der Vorstellung nicht mehr aufrechtzuerhalten ist. Keineswegs aber sind sie schon Zeichen einer größeren Autonomie. Die beiden hängen immer noch sehr aneinander, wenn auch jetzt mit negativen Gefühlen. In dieser zweiten Phase spielen die Paare oft viele unerquicklichen »Spiele«. Sie machen sich gegenseitig Vorwürfe, und das, was früher Grund der Anziehung war, wird nun zum Grund der Abstoßung. Die früher bewunderte Größe des Mannes wird zum Beispiel von der Frau jetzt als aufgeblasene Übermacht erlebt, und die früher genossene Anschmiegsamkeit der Frau vom Mann als lästiges Klammern. Beide sind noch stark aufeinander bezogen, allerdings nicht mehr positiv und idealisierend, sondern jetzt negativ und verteufelnd. Was bei einem selber nicht so gut läuft, wird dem andern als Schuld zugeschrieben: »Wie soll ich denn nicht traurig sein – wenn du doch so bist, wie du bist«, sagt Iwan in immer neuen Variationen zu seiner armen Frosch-Frau. Keiner der beiden hat noch für seine eigenen Angelegenheiten Selbstverantwortung übernommen.

Geschieht dies auf einer oder auf beiden Seiten, dann tritt das Paar in die dritte Phase, die Phase der Distanzierung ein. Diese Phase besagt, dass jeder oder einer von beiden den Schritt aus der gegenseitigen Verklammerung tatsächlich tut, sich auf die eigenen Füße stellt und die Verantwortung für seine Angelegenheiten selbst übernimmt. Es ist der Schritt, der im Märchen mit dem Wegfliegen des Schwans dargestellt ist.

Wie in unserem Märchen muss dieser Schritt leider manchmal einseitig getan werden, weil der andere noch nicht so weit ist, sondern noch an der symbiotischen Phase festhält, so wie es Iwan tut, wenn er die Entwicklung Wassilissas durch das Verbrennen der Froschhaut unter seiner Kontrolle behalten will. Die Weigerung eines der Partner, den Schritt der Distanzierung mitzuvollziehen, zwingt den andern manchmal zu einem dramatischen Schritt, dramatischer als es nötig wäre,wenn er mitgehen würde. So muss Wassilissa unter Klagen sich ganz entziehen, erst dann kommt bei Iwan die Einsicht, erst dann lässt er sich auf einen eigenen Prozess ein.

Worum es in dieser Phase der Distanzierung geht, hat das Märchen bei Wassilissa schon angedeutet, indem es sie zum Vater Koschtschej fliegen lässt. Es geht um die Lösung alter unaufgelöster Bindungen, es geht um Autonomie, Individualität, um ein tieferes Finden ihrer selbst als Frau. Während in der Phase der Verschmelzung das Anderssein des andern idealisiert, in der Phase des Widerstands dagegen verteufelt wurde, wird es nun in der dritten Phase, der Phase der Distanzierung, »gelassen«. Der andere wird losgelassen, und man wendet sich den eigenen Entwicklungsaufgaben zu. Anders ausgedrückt: Während der Phase der Verschmelzung haben die Lichtseiten des einen die Schattenseiten des andern überstrahlt, in der Phase des Widerstands wurden nur die Schattenseiten des Partners erlebt und für die eigenen verantwortlich gemacht, in dieser dritten Phase der Distanzierung nun wird dem andern die Verantwortung für seine Schattenseiten gelassen und die Verantwortung für die eigenen selbst übernommen. Auch Iwan übernimmt sie, wenn er im weiteren Verlauf des Märchens, wie Wassilissa zu ihrem Vater, sich nun seinerseits auf den »langen Marsch« zur Baba Jaga, der Repräsentantin des Mütterlichen, begibt.

Eine solche Entwicklung bedeutet in jedem Fall, auch wenn das Paar zusammenbleibt, ein starkes Auseinanderrücken, eine »psychologische Scheidung«[17]. Psychologisch ist diese Scheidung, weil in ihr jene Bänder gelöst oder gelockert werden, die aus den ungestillten Bedürfnissen der Seele und ihren frühen Erfahrungen geknüpft wurden, und um eine Scheidung handelt es sich, weil diese Bänder die beiden aneinander gekettet haben. Dies war der Versuch, die unerledigten Mutter- und Vater-Geschäfte mit Hilfe des

Partners zu bewältigen, so wie wir es am Beispiel von Iwan und der Frosch-Frau gesehen haben. Diese Bindungen werden nun gelöst, weil jeder – freilich angestoßen und provoziert durch den andern – die Auseinandersetzung mit den ungelösten Bindungen seiner Geschichte nun selbst übernimmt.

Damit sind wir wieder an der Stelle des Märchens angelangt, die wir vorhin verlassen haben. Trennung ist nicht ein Gegensatz zur Paarbeziehung, sondern gehört zu ihr dazu. Sie ist immer wieder in verschiedensten Formen nötig, damit das Paar in die beiden weiteren Phasen, die ich genannt habe, in die Phase der Wiederannäherung und die Phase der Vereinigung auf einer reiferen Stufe, eintreten kann. Die Trennung dient der Individuation. Sie ist darum die Voraussetzung, dass die Liebe reifen, sich vertiefen und intensivieren kann. Wenn uns das Märchen an die Stelle geführt haben wird, wo dies deutlich zutage tritt, werde ich auf die beiden bisher nicht besprochenen Phasen noch näher eingehen. Der folgende Teil schildert den inneren Prozess der Distanzierungsphase ausführlich im Blick auf Iwan.

Solidarität unter Männern

Iwan-Zarewitsch weinte bitterlich. Er weinte ein ganzes Jahr, er weinte auch ein zweites Jahr, im dritten Jahr, da ermannte er sich endlich, er bat um den Segen von Vater und Mutter und machte sich auf, Wassilissa, die Allweise, zu suchen. Er ging kurze Wege, und er ging lange Wege. Schnell ist ein Märchen erzählt, aber lange dauert der Weg des Helden. Da begegnete ihm ein uralter Mann.

»Hollah, Bursche, wohin gehst du denn?«, rief der Alte, und Iwan-Zarewitsch erzählte dem Alten alles. Er erzählte, dass er Wassilissa, die Allweise, suche und was er mit ihr erlebt hatte. »Wie konntest du nur«, zürnte der Alte, »du hast dem Mädchen die Froschhaut nicht gegeben, also konntest du sie ihr auch nicht nehmen. Wassilissa wurde klüger und mächtiger als ihr Vater. Deshalb hat er sie in einem unbedachten Augenblick in einen Frosch verwandelt.[4] Es ist jetzt sehr schwer für dich, sie noch zu finden. Aber nimm dieses Knäuel«, und er reichte Iwan-Zarewitsch ein Knäuel Garn, »und folge dem Knäuel, vielleicht führt es dich zum Ziel.«

Die Trennung bewirkt etwas bei Iwan. Alles andere hat nichts genützt. Nicht das gute Brot, nicht das kunstvolle Hemd, auch nicht der große Auftritt Wassilissas. Sie vermochte Iwan nicht aus seinem fatalen Lebensmuster des Hin- und Herkippens zwischen »großer Held« und »kleiner Junge« zu befreien. Er muss nicht mehr, er kann gar nicht mehr groß sein. Er ist auch nicht nur »traurig«. Die vage, flache Depression, das traurige »Herumhängen« löst sich in einen tiefen Schmerz, die Tränen fließen in Strömen. Vom pfeilschießenden Überflieger ist nichts mehr da, aber auch nichts mehr vom jammernden Jungen. Einsichtsvoller Schmerz und schmerzvolle Einsicht haben ihn erfasst. Wie es oft bei Männern der Fall ist, werden Einsicht und Schmerz erst möglich, wenn der Schwan davongeflogen ist. Manchmal brauchen sie das wirklich. Die Angst, selber loszulassen, ist zu mächtig. Sie können von dem Versuch nicht lassen, der Große bleiben zu müssen, sich der Frau und in ihr der Mutter zu versichern und sie zugleich unter Kontrolle zu halten. Erst wenn diese sich wirklich verweigert, bricht dieser Zwang in sich zusammen, und sie sind bei allem Schmerz zugleich wie befreit: sowohl vom Zwang, der Kühnste sein zu müssen, als auch vom Zwang, die Frau und in ihr die Mutter festhalten zu müssen.

Wassilissa musste also Iwan den Schmerz dieser Trennung zufügen. Es ist schon eigenartig: Auch hier, in der umgekehrten Konstellation wie im »Froschkönig«, ist es doch wieder die Frau, die den Schritt der Trennung und damit zur Entwicklung tut. Warum fällt es uns Männern so schwer, uns innerlich von der Frau als Mutter zu lösen, selbständig, erwachsen zu werden? Wir können uns abschotten, in die Arbeit oder zu anderen Frauen fliehen oder uns unnahbar machen und hart. Das ist aber nicht Eigenständigkeit, damit vermeiden wir nur, mit unserer Abhängigkeit konfrontiert zu sein, aber wir haben sie nicht überwunden. Eigenverantwortlich sein, das eigene Leben in die Hand nehmen, für sich selber sorgen und fürsorglich für andere werden, seinen eigenen Rhythmus, sein eigenes Maß finden und das neben und mit einer Partnerin: Ich kenne so viele Männer, auch in höchst anspruchsvollen und verantwortlichen Positionen, Männer, die unsere Zukunft planen, die neue Technologien entwickeln, die weittragende Entscheidungen treffen, die dazu nicht imstande sind. Es ist interessant, dass dies schon die

Märchen so darstellen. Es scheint also nicht nur an unserer Gegenwart zu liegen, die ja davon bestimmt ist, dass unsere Väter im Kriege abwesend und im nachfolgenden Wirtschaftsboom von Aufbauarbeit und Expansion absorbiert waren, so dass unsere Mütter von ihnen allein gelassen wurden und uns Söhne als hauptsächliche Zuwendungsquelle gebraucht und festgehalten haben. Darin sind die überzogenen Männlichkeitsideale und die dahinter verborgene Mutterabhängigkeit sehr vieler heutiger Männer begründet und kommen in vielen Paarbeziehungen besonders krass zum Vorschein. Darüber hinaus scheint dies aber auch ein männliches Wesensproblem zu sein. Wir entstammen dem Mütterlichen, sind aber selbst, anders als das kleine Mädchen, nicht weiblich, sondern wesensverschieden von der Mutter. Das Mütterliche ist unser Grund, aber wir gehören selber dem Mütterlichen nicht an. Meinen wir deshalb, den Boden unter den Füßen zu verlieren, wenn wir in uns selbst Halt finden sollen? Fliehen wir deshalb in überzogene Männlichkeitsklischees wie das des großen Pfeilschützen, um uns davor zu retten?

Das Märchen lässt den armen Iwan volle drei Jahre weinen. Das ist märchenhafte Übersteigerung, macht uns aber auf zweierlei aufmerksam: einmal, dass Lösungsprozesse und die damit verbundene Trauer ihre Zeit brauchen, und zum andern, dass dazu eine ausreichende Zeit des Alleinseins nötig ist. Iwan widersteht der Versuchung, die Zeit durch neue Beziehungen abzukürzen. Sehr viele Männer geben sich diese Zeit nicht. Die alte Größe wieder zu gewinnen und wieder jemanden zu Hause haben, der sie versorgt, damit können sie nicht warten. Aber es ist klar, dass das nur auf eine Wiederholung des alten Musters hinausläuft und keine Entwicklung bringt. Damit, dass sie das Alleinsein in der Tiefe des Schmerzes nicht aushalten können, verspielen viele Männer die Chance, die ihnen durch eine Trennung eröffnet ist.

Bei Iwan ist es anders. Er hält aus. Vom großen Pfeilschützen, dem Schönen, Kühnen, ist nichts mehr übrig. Der Verlust des grandiosen »falschen Selbst«[18] ist der erste Schritt zu wirklicher männlicher Stärke. Darum heißt es in der Geschichte: Nach dieser Zeit »ermannte er sich«. Jetzt erst beginnt seine Entwicklung zum Mann-Sein. Das Leben, das Iwan jetzt beginnt, hat einen sehr anderen Charakter. Es ist stiller und unansehnlicher. Iwan begibt sich auf die Suche nach Wassilissa und damit, wie der weitere Verlauf des Märchens zeigen wird, auch auf die Suche nach seiner eigenen »inneren Frau«, dem abgeschnittenen, abgespaltenen weiblichen Teil seiner selbst. Er geht »lange Wege und kurze Wege«. »Seine Stiefel waren zerrissen, der Kaftan zerschlissen, die Mütze hatte der Regen verfärbt«, heißt es in einer anderen Nacherzählung des Märchens. So sieht er aus, der wahre »Weg des Helden«!

Da trifft er einen »uralten Mann«. Hier erfährt Iwan etwas ganz Neues: ein alter Mann, der ihm Fragen stellt und aufmuntert: »Hollah Bursche, wohin gehst du?« Es ist eine aufmunternde Frage, eine zugewandte, interessierte Frage, die die Bereitschaft zur Unterstützung erkennen lässt. Wahrscheinlich ist das Iwan noch nie passiert. Von seinem Vater hat er bis jetzt nur Aufträge bekommen, und mit seinen Brüdern hat er rivalisiert. Seine Beziehung zum Männlichen ist von Konkurrenz und »Sich-beweisen-müssen« gekennzeichnet. Nun stellt ihm ein Mann – ein alter Mann, der dem Platzhirsch-Gehabe seiner Geschlechtsgenossen schon entwachsen ist – eine einfühlsame, aufmunternde und interessierte Frage. Das braucht Iwan jetzt, und das brauchen Männer in seiner Lage: dass sie Männer finden, die anders sind, bei denen sie sich aussprechen, die ihnen interessiert zuhören können. Es kommt jetzt darauf an, sich helfen zu lassen, es aufzugeben, immer alles allein schaffen zu müssen. Nicht herumjammern, das ist etwas anderes, aber sich helfen lassen! Und Männer sind dazu gut geeignet[19], besser als Frauen – jedenfalls in diesem Stadium. Es ist darum kein Zufall, dass hier im Märchen ein Mann der Erste ist, der

Iwan den Weg weist. Das »Weibliche« ist – nach allem, was er erlebt hat – wohl noch zu konfliktbeladen, und es ist wichtig, dass Iwan, was er sich ohnehin so sehnlichst gewünscht hat, nun einen Zugang zur männlichen Welt bekommt, und zwar einen anderen, als er immer gesucht hat, einen, der nicht von Konkurrenz, sondern von Interesse, Zugewandtheit und Solidarität geprägt ist.

Iwan »erzählt dem Alten alles«. Man spürt förmlich, wie gut das tut, alles zu erzählen, immer und immer wieder. Dabei lernt Iwan, was er bisher nicht konnte: über sich selber sprechen. Das war ja ein Grund, dass es zur Trennung kam: dass er nicht imstande war, im rechten Moment über die wichtigen Dinge, die ihn bewegten, zu reden. Nun, im Kontakt zum Alten, lernt er, sein Innenleben zu buchstabieren. Man hat den Eindruck, Iwan habe jetzt den richtigen Therapeuten für sich gefunden (endlich tut er etwas für sich!). Der fasst ihn übrigens, wie eben ein guter Therapeut, gar nicht mit Samthandschuhen an:

»›Wie konntest du nur‹, zürnte der Alte, ›du hast dem Mädchen die Froschhaut nicht gegeben, also konntest du sie ihr auch nicht nehmen!‹« Der Alte konfrontiert ihn mit seinem zwanghaften Kontrollverhalten und seiner Größen-Idee. Denn dass er es schaffen würde, aus ihr endgültig Wassilissa zu machen, das ist wahrlich eine Größen-Idee. Gute Therapeuten hören nicht nur zu und verbalisieren Gefühle. Sie sagen harte Sachen sehr direkt, und bei einem Iwan ist das auch bitter nötig.

Dann deutet ihm der Alte die Geschichte mit Wassilissa: »Wassilissa wurde klüger und mächtiger als ihr Vater. Deshalb hat er sie in einem unbedachten Augenblick in einen Frosch verwandelt.« So beginnt Iwan den Sinn des bisherigen Geschehens zu verstehen. Der Schmerz der Trennung hat ihn bereit gemacht. Nun ist er fähig, die klärenden Worte des Alten in sich aufzunehmen.

Dieser macht ihm auch nichts vor und klärt ihn, wieder

wie ein guter Therapeut, über die Schwierigkeiten unmissverständlich auf: »Es ist jetzt sehr schwer für dich, sie noch zu finden.« Damit macht der Alte klar, dass es Hoffnung gibt, aber dass es nicht ohne seine Anstrengung gehen wird: Suchen musst du selbst, auch wenn ich dir helfe. Machen musst du es!

Schließlich reicht er ihm ein Knäuel Garn: »Folge dem Knäuel, vielleicht führt es dich zum Ziel.« Er ist wirklich ein guter Therapeut, dieser Alte! Denn er macht ihm keine falschen Versprechungen: Was er anzubieten hat führt *vielleicht* (nicht sicher) zum Ziel, und zum andern gibt er kein Patentrezept, sondern -ein Knäuel Garn. Ich kann mir gut die Reaktion eines Machers wie Iwan vorstellen. Der will ein Problemlösungsrezept, eine klare Gebrauchsanweisung, und in einer Woche soll die Sache erledigt sein. Aber so einfach geht es nicht. Das Knäuel enthält wohl einen wichtigen Hinweis, aber Rezept ist es keines. Das Knäuel Garn stammt aus dem weiblichen Bereich. Es ist rund und damit ein Symbol der Ganzheit. Indem der Alte Iwan das Knäuel reicht, sagt er ihm: Das ist der Weg zu Wassilissa. Du musst dich von deiner einseitig überbetonten Männlichkeit wegentwickeln, musst als Person vollständig werden, und dazu musst du dich dem Weiblichen in dir zuwenden und es in dir zur Entwicklung bringen. Somit wird ihm zwar kein Rezept, aber der »rote Faden« gegeben, dem Iwan nun zu folgen hat.

Männer in der Situation Iwans fragen oft (und erstmals in ihrem Leben) nach therapeutischer Hilfe. Es ist gut, dass sie der Schmerz dafür geöffnet hat. Aber sie sind auf diesem Parkett sehr unbeholfen und wissen nicht, wie sie zum Beispiel entscheiden sollen, welche Therapie und welcher Therapeut für sie das Richtige ist. Dafür gibt es leider auch kein sicheres Rezept, aber es gibt bestimmte Beurteilungskriterien. Sie sind in einer so treffenden Weise in der Schilderung der Begegnung Iwans mit dem Alten enthalten, dass ich sie hier nochmals zusammenfassen möchte:

1. Wichtiger als eine bestimmte Therapiemethode ist der Therapeut als Person. Das wichtigste Kriterium ist also, ob seine Person so wie die des Alten überzeugend ist. Und das merkt man meist sehr deutlich an wenigen Anzeichen, so wie auch in unserem Märchen in wenigen Zeilen die Person des Alten deutlich hervortritt.
2. Meist ist es für Männer in dieser Situation leichter, mit einem Mann zu arbeiten als mit einer Frau.
3. Im Kontakt mit dem Therapeuten sollte »Iwan« spüren, dass dieser Interesse an ihm hat und ihn ernst nimmt, so dass er ihm einfach mal »alles erzählen« kann.
4. Aber mitgehen und Verständnis haben allein ist noch nicht genug. »Iwan« braucht dringend jemand, der den Mut hat, ihn auch hart zu konfrontieren und den Finger auf seine wunden Stellen zu legen.
5. Weiter braucht er jemanden, der imstande und willens ist, ihm auch manches schlicht zu erklären. »Iwan« ist in seelischen Dingen manchmal wirklich ein Analphabet. Er braucht Unterweisung, Aufklärung, oft auch einfach Ratschläge.
6. Dabei soll »Iwan« keine Patentrezepte erwarten. Aber er sollte den Eindruck bekommen, dass der Therapeut über die wesentlichen Themen des menschlichen Lebens Bescheid weiß und seine Probleme diesen auch zuzuordnen weiß. Denn es geht jetzt darum, dass »Iwan« sich den wesentlichen Lebensfragen öffnet. Darum muss sein Therapeut das Leben in seinen Höhen und Tiefen selber kennen.
7. »Iwan« sollte sich dabei im Klaren sein, dass er, auch wenn er viel Geld dafür bezahlen muss, keine Sicherheit bekommen kann, dass die Therapie ein Erfolg wird. Der Therapeut ist kein Selbstbedienungsautomat!
8. Schließlich sollte »Iwan« sich darauf gefasst machen, dass es eine harte Zeit für ihn wird und dass er sehr viel dazu wird tun müssen, wenn er etwas erreichen will. Psychotherapeuten verabreichen keine Pillen, die von selber

wirken. Auch Einsicht, die vermittelt wird, ändert meist noch wenig. Die Bereitschaft und Entschlossenheit, Neues zu tun, mit neuem Verhalten zu experimentieren und alte Verhaltensweisen zu ändern (zum Beispiel Schlaf-, Trink- und Rauchgewohnheiten), sind unabdingbar für den Erfolg. Iwan muss den Weg zu Wassilissa selber gehen, und dieser ist zuweilen sehr entbehrungsreich.

Ein Weiteres ist hier noch anzufügen: Iwan hat von jeher gemeint, immer der Beste sein zu müssen. Er hat versucht, mit einem Sprung von der untersten Sprosse der Leiter als Jüngster auf die oberste zu kommen und der Schönste und Kühnste sein zu müssen. Damit hängt ein Problem zusammen, das Männern wie Iwan zu schaffen macht. Sie haben nämlich nicht gelernt zu lernen. Sie haben nicht gelernt, sich schrittweise über Versuch und Irrtum, Erfolg und Misserfolg, über Experiment und Erfahrung Kenntnisse und Fähigkeiten über das Leben anzueignen. Sie hatten dazu keine Anleitung und keine innere Erlaubnis. Sie meinten, immer schon der Beste sein zu müssen, ohne den Weg dahin. Darum verbirgt sich hinter dem hervorragenden Pfeilschützen nicht selten einer, der in Wirklichkeit wenig weiß und wenig kann, oder lediglich in einem einzigen schmalen Fachbereich ein wirklicher Experte ist. Die Begegnung mit dem »Alten« ist auch deshalb so zentral wichtig, weil sie den Punkt kennzeichnet, an dem Iwan, nachdem er den großen Zarewitsch hat fahren lassen können, bereit und fähig geworden ist, sich unterweisen zu lassen, sich auf einen Weg der Erfahrung zu begeben und schrittweise zu lernen. Dies bedeutet auch, dass er den Hochmut aufgibt, der verachtend auf diejenigen hinabblickt, die sich Schritt für Schritt mit kleinen Dingen abplagen. Es bedeutet, dass er sich aus seinen lichten Höhen in die Niederungen der »Gewöhnlichkeit« hinunterbegibt. Damit ist er in eine wesentliche Phase seiner Nachreifung eingetreten.

Der Weg »zu den Müttern«

Iwan-Zarewitsch nahm das Knäuel, und er ging kurze Wege, und er ging lange Wege. Da trabte ihm ein ungeheurer Bär über den Weg. Ich werde das Tier töten, dachte er, aber der Bär sprach ihn an mit menschlicher Stimme: »Lass mich leben, Iwan-Zarewitsch, habe Mitleid.« Und Iwan-Zarewitsch hatte Mitleid mit dem Tier, und er ließ es leben. Er ging weiter, und es sprang ein Hase vor ihm auf. Ich werde das Tier töten, dachte er, aber der Hase sprach ihn an mit menschlicher Stimme: »Habe Mitleid, Iwan-Zarewitsch, lass mich leben.« Und Iwan-Zarewitsch hatte Mitleid mit dem Tier, und er ließ es leben. Er ging weiter, und es flatterte plötzlich eine Ente vor ihm auf. Er spannte Pfeil und Bogen und wollte die Ente schießen. Aber die Ente sprach ihn an mit menschlicher Stimme: »Habe Mitleid, Iwan-Zarewitsch, lass mich leben.«

Und Iwan-Zarewitsch hatte Mitleid mit dem Tier, und er ließ es leben. Und er ging immerfort weiter. Da kam er zum weiten Ufer des Meeres, dort lag ein Hecht im Sand, und er sprach ihn an: »Habe Erbarmen, Iwan-Zarewitsch, trage mich zum Wasser.« Iwan-Zarewitsch fühlte Erbarmen mit dem Tier, und er trug es zum Wasser.

Iwan folgt dem Knäuel. Wohin führt es ihn auf seinem Weg zu Wassilissa? Welche Aufgaben hat er zu lösen, damit er zu ihr findet?

Als erstes führt ihn das Knäuel zur Begegnung mit verschiedenen Tieren. Dabei gelangt er ans Ufer des Meeres, und schließlich hat er sich mit der Hexe des russischen Märchens, mit der alten Baba Jaga, auseinanderzusetzen.

Tiere im Allgemeinen symbolisieren den vitalen, animalischen Bereich. Sie sind Wesen, die einen noch ursprünglichen, instinktiven Kontakt zum Leben haben. Sie erscheinen dem Menschen darum elementarer, ursprünglicher, geheimnisvoller als seine eigenen Artgenossen. In vielen Religionen treten Tiere als Göttergestalten auf, weil sie dem Ursprung des Lebens näher scheinen als der Mensch. Hase und Ente sind darüber hinaus im Märchen Symbole des Weiblichen. Denn auch das Weibliche wird aufgrund seiner Fähigkeit zu gebären als dem Ursprung des Lebens näher erlebt. Darum verehrte man in den ursprünglicheren Religionen auch vor allem weibliche Gottheiten.

Die Tiere treten in den Märchen meist als Helfer auf, die dem Menschen zur Lösung seiner Lebensrätsel entscheidende Dienste leisten, die ihn also näher an den Ursprung des Lebens heranbringen. Sie symbolisieren somit auch das »tiefere Potential« unserer Seele, das in Krisensituationen in Bewegung gerät und uns neue Möglichkeiten eröffnet. Iwan ist nach seiner Begegnung mit dem alten Mann geduldig dem Faden seines Knäuels gefolgt. Nun ist er reif für dieses Zusammentreffen. Was lernt er dabei?

Zunächst – jedenfalls als er den Bären trifft – bekommt er es mit der Angst zu tun. Er will ihn töten. Männer wie Iwan lernen vor allem in Situationen, in denen sich Frauen von ihnen abzugrenzen beginnen, manchmal unter großem Erschrecken, ganz neue Seiten an sich kennen: Wut, Hass, Eifersucht, Gier und andere wilde Impulse drohen sie zu verschlingen. In ihren Träumen tauchen riesige Hunde, Bären, Stiere auf. Eine Schicht ihrer Seele bricht auf, die sie nicht kennen, die ihnen Angst macht und die sie darum schnell wieder weghaben, die sie töten wollen. Sie zielen darauf mit ihrem Pfeil wie Iwan. Wenn sie ihn abschießen, schneiden sie sich allerdings auch den Weg zu einer neuen, größeren

Vitalität und Lebendigkeit ab, die sich auf ungebärdige Weise in ihren Traumbildern äußert und durch die Trennung in ihnen freizuwerden beginnt. Die inneren wilden Tiere symbolisieren jene Seiten, die früher nicht gezeigt werden durften, jene Kräfte, die sie von der Mutter hätten lösen können und die zur eigenen vitalen Männlichkeit drängen. Es ist darum wichtig, als ersten Schritt diese wilden Tiere in sich nicht gleich wieder zu verjagen oder gar zu töten, sondern sie zunächst einmal einfach zuzulassen, sie »am Leben zu lassen«. Im Interesse Iwans selbst, wie sich nachher herausstellen wird, bitten die Tiere im Märchen um Schonung. Iwan lernt, dass dies möglich ist: Man wird nicht gefressen, wenn man sich dieser unheimlich neuen Welt öffnet. Im Bären taucht der »wilde Mann« in seiner ursprünglichen Kraft auf, der der Männerbewegung inzwischen so wichtig geworden ist.[20]

Hase und Ente sind nicht so gefährlich. Wenn Iwan auch sie töten will, dann wohl nicht aus Angst, sondern weil sie ihm auf seiner anstrengenden Reise einen guten Braten abgeben würden. Die wilde Männlichkeit, die auftaucht, will Iwan im ersten Impuls töten, das Weibliche – in Hase und Ente verkörpert – will er sich einverleiben! Iwan hebt wieder Pfeil und Bogen, will sich so ihrer bemächtigen. Hat er nicht immer wieder versucht, sich auch der Frosch-Frau zu bemächtigen und sich von ihrem Können, ihren Fähigkeiten, ihrem Dasein zu nähren? Er lernt jetzt, Hase und Ente die Freiheit zu lassen, er lernt das Loslassen, das er bei Wassilissa noch nicht kannte.

Damit lernt er auch, auf eigene Befriedigung zu verzichten. Denn der Verzicht auf Hase und Ente bedeutet ja Verzicht auf Nahrung. Wir haben davon gesprochen, dass Iwan Frustrationen nicht auszuhalten vermochte. Darum musste er die Froschhaut verbrennen. Nun lernt er, was Männern wie Iwan unheimlich Not tut: Er lernt verzichten und Verzicht aushalten, er lernt Frustrationstoleranz.

Wenn Mäner mit ihren Frauen »immer schlafen müssen« oder, wenn die eigene Frau nicht (mehr) da ist, sofort eine andere »brauchen«, ist dies keineswegs ein Zeichen von Männlichkeit, wie sie sich vielleicht vormachen. Vielmehr ist es die kindliche Unfähigkeit, aufkommende Bedürfnisse auszuhalten und ihre Befriedigung aufzuschieben. Dies kann aber nötig sein, um tiefer liegende Anliegen wahrzunehmen. Indem Iwan verzichtet und aushalten lernt, bleibt er auf seiner Spur. Er lenkt sich nicht von dem ab, was er eigentlich will. An einer Sache wirklich dranbleiben, das erfordert auch Verzicht. Männer wie Iwan können diesen meist ganz gut erbringen, wenn es sich dabei um »Pflichten« und »Aufgaben« handelt, die ihnen von außen gestellt sind. Wenn es sich aber um ihre ganz persönlichen Anliegen und Ziele, ihre Entwicklungsaufgaben handelt, fällt es ihnen ungeheuer schwer. Durch jedes Häschen und jede Ente sind sie davon abzulenken.

Was Iwan in diesen Begegnungen mit den Tieren außerdem und vor allem noch lernt, wird beim vierten Tier, beim Fisch im Sand, besonders deutlich:

Iwan lernt Mitleid und Erbarmen. Das sind ausgesprochen weibliche Eigenschaften, die er nun in sich zum Leben erweckt. Sie stehen im krassen Gegensatz zum Pfeilschuss, der siegen, unterwerfen und töten will. Mitleid und Erbarmen bedeuten: sich auf den andern beziehen, die Not des andern nachempfinden, sich um das Leid des andern kümmern. Dies zu lernen hat Iwan durchaus nötig. Denn bisher erschien er uns als einer, der nur auf sich, auf seine Größe oder seinen Kummer bezogen war. Er schien geradezu verliebt in seine Traurigkeit, wenn er immer wieder, trotz wiederholter gegenteiliger Erfahrung, deprimiert nach Hause kam und dem Fröschlein vorjammerte. Nie spielte in seinem bisherigen Tun und Reden jemand anderer als er selbst eine Rolle: Im Pfeilschuss musste er sich beweisen, die Frosch-Frau brauchte er, damit sie für ihn arbeitete und ihm zuhörte. Die Froschhaut hat er beseitigt, ohne Rücksicht auf Wassilissas Interessen. Er war so sehr mit sich und seinen Problemen beschäftigt, dass er niemand anderen wahrnehmen konnte. Die Welt war ihm voller Konkurrenten oder aber versorgender und festhaltender Mütter. Dass es da noch andere gab, die seiner Hilfe bedurften, dafür war in Iwans Aufmerksamkeit kein Platz. Jetzt lernt er die Not anderer wahrzunehmen, mit ihnen zu fühlen und fürsorglich zu sein. Er trägt den Hecht zum Wasser, und dabei »fühlte er Erbarmen«. Er handelt nicht nur anders, er spürt auch ein ganz neues Gefühl in sich: Erbarmen. Die Schale der Selbstbezogenheit ist von innen her aufgebrochen, etwas in ihm beginnt, hin zum andern zu strömen. Iwan ist befreit aus dem Gefängnis seiner Ich-Bezogenheit. Hat ihn sein eigenes Leiden dies gelehrt? So erlebe ich es oft bei Männern, die Iwans Weg gehen. Der Schmerz der Trennung befreit in ihnen das Gefühl für den anderen. Sie werden liebevolle Väter, treue Freunde und bessere Liebhaber.

Beim letzten Tier hat Iwan Pfeil und Bogen gar nicht mehr erhoben. Er hat eine neue Einstellung zum Leben gelernt: Nicht mehr kämpfen, sondern sich ihm aufmerksam öffnen in Mitleid und Erbarmen. Er hat die »weibliche Einstellung« zum Leben gelernt. So ist es kein Wunder, dass er auf diesem Weg ans Meer gelangt, an Wasser und Welle, fließend und unendlich, Leben gebärend und wieder verschlingend – Ursymbol des Weiblichen, aber auch Ursymbol des Lebendigen überhaupt. Das Leben in seiner Ganzheit taucht vor Iwan auf. Er ist befreit aus dem Zwang, immer wieder den Bogen zu spannen und seine Pfeile zur Sonne treiben zu müssen, befreit auch aus dem Zwang, das alte Spiel des »Oben-Unten« immer wieder neu zu spielen. Aber er hat noch einen wichtigen Schritt zu tun: die Konfrontation mit der Baba Jaga, der Hexe.

Die Begegnung mit der Hexe

Und immerfort wanderte er weiter. Da kam er zu einem Hüttchen, das auf Hühnerfüßen stand und sich immerfort drehte. Und Iwan-Zarewitsch verneigte sich und sprach den Spruch: »Dreh dich, mein Hüttchen, dreh dich zu mir, sowie dich die Mutter am Morgen aufgestellt.«

Und das Hüttchen blieb stehen, mit dem Eingang zu ihm. Er kletterte hinein und fand drinnen die Baba Jaga. Und die Baba Jaga erhob sich und rief:

»Noch nie sah ich einen Russen, und nun kommt ein Russe selbst zu mir. Wen suchest du denn?«

Und Iwan-Zarewitsch erzählte der Baba Jaga, dass er Wassilissa, die Allweise, suche und was er mit ihr erlebt hatte.

»Ich weiß, ich weiß«, sprach die Baba Jaga. »Sie ist nun beim unsterblichen Koschtschej, und es ist sehr schwer, den Koschtschej zu besiegen, denn das Leben des Koschtschej ist in der Spitze einer Nadel, und die Nadel ist in einem Ei, und das Ei ist in einer Ente, und die Ente ist in einem Hasen, und der Hase ist in einer Kiste. Und diese Kiste ruht am Fuße eines alten Eichbaums. Und diesen Eichbaum, den hütet der Koschtschej wie sein linkes und sein rechtes Auge. Aber versuche es immerhin.«

Und sie zeigte Iwan-Zarewitsch den Weg zum Palaste des Koschtschej.

Dass mit der russischen Hexe eine Mutterfigur dargestellt ist, sagt schon der Name: Baba ist namlich das russische Wort für Mutter. Die russische Hexe unterscheidet sich allerdings von der Hexe unserer westlichen Märchen erheblich. Wir kennen die Hexe als durchweg negative Figur. Sie repräsentiert in unseren Märchen ausschließlich die negativ erlebten Aspekte des Mütterlichen, als Personanteil sowohl der Frau als auch des Mannes. Daher kommt es auch, dass in unseren Märchen die Hexe immer überwältigt und vernichtet werden muss. Die russische Baba Jaga hat nicht nur diese negativen Seiten. Auch ihr sind die bekannten hexenhaften Züge eigen, sie ist alt, hässlich, furchterregend, heimtückisch, schlau, auffressend und darum äußerst gefährlich. Sie ist aber auch weise, fürsorglich, mütterlich, ja sogar auf eine raue Art herzlich. Sie ist vergleichbar mit Frau Holle, die ja ebenfalls diese beiden Seiten hat, die strenge vernichtende und die fürsorglich spendende. Die Auseinandersetzung mit der russischen Hexe ist darum nicht ganz so einfach, weil nicht so eindeutig. Dafür entspricht sie mehr dem realen Leben. Wenn der Held ihr begegnet, weiß er nie genau, woran er mit ihr ist. Wenn Iwan vor ihrem geheimnisvollen Hüttchen steht, weiß er nie, was in der Begegnung mit ihr dieses Mal passieren wird. Darin ist sehr genau jene Mischung aus Anziehung und Abstoßung, Versorgungsbedürfnis und Abgrenzungswunsch, Angst und Sehnsucht wiederzuerkennen, die vielen Männern ihren konkreten Müttern (und Frauen) gegenüber eignet.

Dadurch wird aber die Aufgabe, die Iwan bei Baba Jaga auf seinem Weg zu Wassilissa zu lösen hat, für uns auch besonders interessant und wichtig.

Für unsere Vorstellungswelt ist das Hüttchen auf Hühnerbeinen ein fremdes, seltsames Bild. Baba Jaga wohnt immer in diesem Hüttchen, und dieses dreht sich auch immer und muss durch den immer gleichen Bannspruch des Helden zum Stehen gebracht werden, so dass es den Eingang ihm zuwendet. Nach einem bedeutenden russischen Märchenforscher handelt es sich hier um die Überreste eines

Initiationsritus[21]. Die Hühnerbeine erinnern an Tiere, die bei diesem Ritus eine wichtige Rolle spielten, und die Hütte steht gewissermaßen an der Grenze zweier Lebensabschnitte, zwischen Kindheit und Erwachsenenalter. Der Initiand muss die Hütte zum Stehen bringen und »einsteigen«, damit er sich in ihr dem neuen Lebensabschnitt zuwenden kann. Im Dunkel der Hütte geschieht seine Initiation, seine Einweihung in die Welt der Erwachsenen.

Damit klingt ganz deutlich das Thema an, das sich uns schon hier und dort aufdrängte: Der Weg zu Wassilissa ist der Weg des Erwachsenwerdens. Er führt für Iwan in die direkte Auseinandersetzung mit der Mutter. Diese Auseinandersetzung verläuft sehr viel undramatischer als sie in westlichen Märchen geschildert wird, aber vielleicht wird gerade dadurch umso deutlicher, worauf es dabei ankommt. Iwan bringt die Hütte zum Stehen und tritt ein. Das klingt sehr anders als zum Beispiel die vergleichbare Stelle in »Hänsel und Gretel«. Hier gerät Hänsel zufällig an das Häuschen, knabbert daran herum, ohne zu wissen, was er tut, und wird von der Hexe dann ins Innere gelockt. Hänsel geht der Hexe auf den Leim. Iwan aber steuert direkt auf ihr Haus zu und betritt es. Das ist der Unterschied von kindlich-ambivalenter und erwachsen-eindeutiger Kontaktaufnahme mit der Mutter. Viele Männer werden im Kontakt zu ihren Müttern viel eher zu Hänsel: »Halb zog sie ihn, halb sank er hin.« Iwan könnte ihnen ein gutes Gegenmodell sein: Er betritt bestimmt und entschieden die Hütte.

Er kehrt also in gewissem Sinn »zur Mutter zurück«. Dieser Rückkehr bedarf es immer dann, wenn dem Mann eine erwachsene Partnerschaft mit einer Frau nicht gelingt. Denn dann ist er – fast immer –noch an die Eltern, meist an den gegengeschlechtlichen Elternteil, also in unserem Fall an die Mutter gebunden und hat seine Liebeskraft nicht für eine erwachsene Frau zur Verfügung. Diese Rückkehr ist freilich etwas anderes als die Regression, die wir zuweilen bei Männern beobachten, von denen sich die Frauen getrennt haben: Sie kehren zurück, ziehen wieder in die elterliche Wohnung, weil sie den Schmerz nicht aushalten und von ihren Müttern wieder versorgt werden möchten. Dies bestätigt und verstärkt nur das eigentliche Problem, um das es geht. In diesem Sinn kehrt Iwan nicht zurück.

Er macht es aber auch nicht wie andere Männer, die aus dem Bestreben nach Abgrenzung und Ablösung den Kontakt zur Mutter, mit der sie noch unerledigte Angelegenheiten haben, einfach vollständig abbrechen und nicht wieder aufnehmen. Der Abbruch kann ein nötiges vorübergehendes Stadium des Ablöseprozesses sein. Bleibt aber der Prozess dabei stehen, ist er eine Vermeidungsstrategie. Die übermächtige Mutter regiert dann zwar nicht mehr äußerlich, aber im Inneren des Mannes um so unbehelligter, auch wenn er Tausende von Kilometern weit weggezogen ist, und hindert ihn weiter an einer erwachsenen Partnerschaft.

Also muss er wie Iwan nochmals »dahin zurück«, um sich mit ihr auseinanderzusetzen. Im Märchen fällt auf, dass diese Auseinandersetzung sehr undramatisch verläuft und von keinen heftigen Aggressionen begleitet ist. Es scheint hier – anders als in den westlichen Märchen – nicht nötig zu sein, die Hexe im Ofen oder anderswo zu verbrennen und sie zu massakrieren. Aggressive Auseinandersetzungen zwischen dem erwachsenen Sohn und seiner Mutter sind punktuell vielleicht manchmal unvermeidlich. Aber die Gefahr besteht, dass sie die direkte Abhängigkeit nur in eine indirekte »Trotz-Abhängigkeit« verwandeln, die nicht weiterführt.

Weiterführend ist, dass geschieht, was der ursprüngliche Sinn des Wortes »Aggression« bedeutet. Das zugrundeliegende lateinische Zeitwort ist »ad-gredi«, »an jemanden herantreten«. Es geht darum, dass der Sohn der Mutter als erwachsener Mann gegenübertritt. Dazu bedarf es nicht lautstarker Heftigkeit, sondern der ruhigen, bestimmten

Haltung, die das Märchen an Iwan zeigt, wenn er das Hüttchen zum Stehen bringt und der Baba Jaga gegenübertritt.

Die Auseinandersetzung des erwachsenen Sohnes mit der Mutter ist vor allem ein psychischer, also innerer Prozess, der aber – wie das Märchen zeigt – durch ein Wiederaufnehmen auch des äußeren Kontakts sehr unterstützt werden kann. Wenn dieser gelingt, kann es für beide Seiten sehr hilfreich und förderlich sein. Freilich ist entscheidend, wie dieser Kontakt geknüpft wird. Der Mutter Vorwürfe zu machen, was alles nicht gut gelaufen ist, führt meist dazu, dass deren schlechtes Gewissen aktiviert wird und sie sich verteidigen »muss« – und es löst nichts zwischen Mutter und Sohn. Viel hilfreicher ist es, es so zu machen wie Iwan: Bei ihm ist weder eine Rückkehr zum kleinen bedürftigen Jungen zu spüren noch die Anklage des trotzigen Heranwachsenden. Er beginnt von sich, von seinen leidvollen Erfahrungen, von seiner Suche nach Liebe zu sprechen.

Freilich ist auch das nicht immer das geeignete Rezept. Denn Eltern, und vor allem Mütter, haben meist untergründig von vornherein und ohnehin schon ein schlechtes Gewissen, wenn sie sehen, dass ihre Söhne Pech in der Liebe haben. Wenn der Sohn dann von seinem Leid spricht, erleben sie das allein schon als eine Anklage, gegen die sie sich verteidigen müssen. Und das alte Problem bleibt unerledigt. Am ehesten Aussicht auf einen guten Prozess – das ist jedenfalls meine Erfahrung – gibt es dann, wenn die erwachsenen Kinder anfangen, ihre Eltern zu fragen, »wie es damals war«, »was sie damals erlebt haben«, »wie es den Eltern damals, als die Kinder geboren wurden und klein waren, ergangen ist« – solche interessierten Fragen führen dann häufig zu einem Prozess der gemeinsamen Klärung der Vergangenheit, die für beide Teile vielleicht schmerzlich, aber lösend ist. So kommt es dann zu dem, was Iwan erlebt: Er erhält von Baba Jaga entscheidende Hinweise, die ihm bei seinem Prozess des Erwachsenwerdens weiterhelfen. Vor allem lüftet Baba Jaga das Geheimnis von Koschtschejs Macht.

Das Geheimnis lüften: Darum geht es in der dritten Phase der Paarbeziehung, von der wir gesprochen haben, der Phase der Distanzierung, denn hier wird für jeden der Partner die Auseinandersetzung mit den eigenen Eltern aktuell. Darum geht es, dass wir mit unseren Eltern über die wichtigen und unerledigten Dinge zwischen uns zu reden beginnen, soweit sie uns in der Krise unserer Partnerbeziehung deutlich geworden sind. Darum geht es, dass wir anfangen, die wirklich wichtigen Fragen zu stellen und die Tabus zu lüften, die keiner anzurühren wagt und die uns darum alle gefangen halten. Diese Fragen können unsere Entstehung und Geburt betreffen, unsere Stellung in der Geschwisterreihe, die Liebesbeziehung unserer Eltern, die Schicksalsschläge, die die Familie getroffen, die Enttäuschungen, die unsere Eltern erlitten haben und so weiter. Dann kann zum Beispiel deutlich werden, warum die Mutter ihren »Iwan« so festhalten musste und warum der Vater so weit weg war, dass »Iwan« seine Rettung im übermenschlichen Pfeilschuss suchen musste…

Wenn das Geheimnis unserer Gebundenheit an Mutter und an Vater, die uns an der Liebe zu unserem Partner hindert, gelüftet ist, ist auch der Bann dieses Geheimnisses gebrochen. Dabei ist es nicht einmal so wichtig, dass die Eltern auf unsere Fragen immer befriedigende Antworten geben und wir wirklich erfahren, »was los war«. Allein die Tatsache, dass wir danach fragen und uns damit nicht mehr der Tabuisierung unterwerfen, hat oft schon eine befreiende Wirkung, verändert das Klima und löst die Gebundenheit.

Diese Gedanken von der Lüftung der Familiengeheimnisse, die uns an einem eigenständigen Weg als liebendes Paar hindern und die ich hier eher assoziativ als interpretativ aus der Erzählung des Märchens herauslese, finden eine überraschende Bestätigung, wenn wir uns Baba Jagas Aussagen über Koschtschejs Lebensgeheimnis inhaltlich ansehen. Koschtschejs Lebenssitz, die Nadel, ist mit einem komplizierten Sicherheitssystem umgeben: Ei, Ente, Hase, Kiste, Eichbaum. Was uns hier sofort stutzig werden lässt: Das sind alles weibliche Symbole! Wieder so eine Verständigungshürde, die das Märchen vor uns aufbaut: das Leben Koschtschejs, den wir als Inbegriff extrem einseitiger destruktiver Männlichkeit kennengelernt haben – umgeben von lauter Repräsentanten des Weiblichen? Könnte das bedeuten: Koschtschej besitzt sein Leben nicht in sich selbst, sondern er ist gefangen im Weiblichen? Er hat das Weibliche nicht integriert, es hält ihn gefangen? Ist die zarte Nadelspitze, umgeben von so viel Weiblichkeit, nicht ein extremes, groteskes Bild für Muttergebundenheit? Ist Koschtschej also deshalb so grausam, hart und starr, weil er damit seine Gebundenheit an die Mutter, seine Entfremdung von sich selbst kaschieren muss? Damit würde vollends deutlich, wie seelenverwandt der junge Pfeilschütze Iwan und der alte Koschtschej sind! Und so würde deutlich, was hinter vielen männlichen Drohgebärden und supermännlichem Gehabe eigentlich steckt.

In der Antwort der Hexe, im Geheimnis des Koschtschej, wird also Iwan sein eigenes Lebensgeheimnis erschlossen, das in seinem Schicksal verborgen war, warum er einen Frosch heiraten musste und eine Wassilissa nicht zu halten vermochte: weil er selber noch im Weiblichen gefangen war und es nicht wirklich in sich integriert hatte. Was Iwan auf seinem Weg zu Baba Jaga erfahren hat, hat ihn offenbar bereit gemacht, diese Erkenntnis tief in seine Seele fallen und sich von ihr verwandeln zu lassen.

Blicken wir von hier aus zurück auf unser Phasenmodell der Paarentwicklung, so füllen sich uns die in dieser Phase dem Mann gestellten Entwicklungsaufgaben nun mit konkretem Inhalt: Es geht darum, dass jeder sich den eigenen Angelegenheiten zuwendet, die sich störend in die Partnerbeziehung einmischen, anstatt die Probleme dem anderen in die Schuhe zu schieben. Das bedeutet für den Mann – im Bild des Märchens gesprochen –, dass er dem Fröschlein nicht mehr vorwirft, dass es nicht die richtige Frau sei, beziehungsweise nach dessen Verwandlung Wassilissa sich nicht mehr durch Maßnahmen wie die Froschhautverbrennung als Besitz aneignen will, sondern dass er sich seiner eigenen verkümmerten Weiblichkeit zuwendet und sie zur Entfaltung bringt.

Diese Integration des Weiblichen vollzieht sich, wie an Iwans Weg zu sehen ist, immer in zwei Schritten, die zwar einander bedingen, aber nicht unbedingt in einer zeitlichen Reihenfolge aufeinanderfolgen müssen: Der eine Schritt ist die Abgrenzung vom Weiblichen außen und die Eigendefinition als Mann, der andere Schritt ist eine neue liebevolle Hinwendung zum Weiblichen, sowohl in der Außenwelt als auch im eigenen Inneren. Der kleine Junge im Mann muss zuerst die Bänder seiner Kindheit, seine psychische Nabelschnur, durchtrennen. Der Anfang davon widerfährt vielen Männern heutzutage gegen ihren Willen, so wie Iwan, dem Wassilissa als Schwan einfach davonfliegt. Dann aber muss dieser Schritt der Lostrennung auch eigenverantwortlich übernommen werden, wie Iwan es mit Hilfe des alten Mannes tut und sich auf den Weg begibt. Dieser Weg muss immer auch in die Auseinandersetzung mit der konkreten Mutter führen und zur Verhandlung der mit ihr unerledigten Geschäfte, so wie Iwan sich mit Baba Jaga, der Repräsentantin des Mütterlichen, konfrontiert.

Wenn er in diesem Prozess ist, kann es beim Mann durchaus Zeiten einer allgemeinen Gereiztheit dem Weiblichen gegenüber geben, Zeiten, in denen er Ärger und Streit mit Frauen förmlich sucht. Als Ganzes gesehen bedingt diese Entwicklung aber den zweiten Schritt dieser Phase, den Schritt einer neuen und liebevollen Hinwendung zum Weiblichen. Iwan »lernt Erbarmen«, der erwachsene Sohn lernt seiner konkreten Mutter gegenüber Verstehen, Verzeihen und Sich-Versöhnen. Und dies bedeutet immer auch, dass er beginnt, sich liebevoller den eigenen weiblichen Seiten zuzuwenden und sich mit ihnen auszusöhnen. Dies wiederum ist schließlich die Voraussetzung dafür, sich in neuer Weise als erwachsener Mann liebevoll auf Frauen zu beziehen.

Während also in der ersten, der symbiotischen Phase der Paarbeziehung, der Mann dazu neigt, sich die weiblichen Seiten durch Verschmelzung mit der Frau einzuverleiben, in der zweiten Phase, der Phase des Widerstands, die weiblichen Seiten an der Frau zu bekämpfen, geht es in der dritten Phase, der Phase der Distanzierung, darum, sich einerseits wirklich abzugrenzen, andererseits aber ein neues Verhältnis zum Weiblichen in sich selbst und im Gegenüber aufzubauen und damit auf eine erwachsene Weise beziehungsfähig zu werden.

Das Märchen stellt uns diesen Weg detailliert nur von Iwan vor Augen. Die Darstellung des Weges der Wassilissa ist deutlich nur bis zum Anfang der Phase der Distanzierung zu erkennen, die ja von Wassilissa eingeleitet wird. Wir erfahren noch, dass sie zu Koschtschej, ihrem Vater, muss, aber von da an schweigt das Märchen über ihren Weg. So sind wir auf die Vermutung angewiesen, dass sie bei Koschtschej ähnliche unerledigte Geschäfte wie Iwan bei Baba Jaga zu erledigen hat. Auch für die Frau geht es in dieser Phase um Abgrenzung, Selbstdefinition und Aufnehmen einer neuen, liebevollen Bezogenheit – ihrerseits nun zum Männlichen in sich selbst und im Gegenüber. Durch die Frauenbewegung gibt es hinsichtlich dieses Weges heute schon so viele Erfahrungen und so zahlreiche Literatur, dass die Verschwiegenheit des Märchens in dieser Hinsicht zu verschmerzen ist.

Die Befreiung der Liebe

Und Iwan-Zarewitsch ging den Weg, den ihm die Baba Jaga gewiesen hatte. Bald sah er den Marmorpalast des Koschtschej, und daneben stand der ungeheure Eichbaum, und Iwan-Zarewitsch wusste nicht, wie er zu dessen Wurzeln gelangen konnte. Aber da trabte ein ungeheurer Bär an ihm vorüber, dieser packte den Eichbaum und riss ihn samt den Wurzeln aus. Und hervor an den Wurzeln kam eine Kiste und heraus sprang ein Hase. Aber ein anderer Hase war hinter ihm her und zerriss ihn, und hervor flog eine Ente und stieg steil empor. Aber eine andere Ente war über ihr und schlug sie, und noch im Sterben ließ die Ente ein Ei fallen, und das versank in den weiten Fluten des Meeres. Iwan-Zarewitsch war verzweifelt und weinte bitterlich. Denn wie sollte er jetzt noch zu dem Ei kommen? Aber siehe, da schwamm ein Hecht zum Ufer, und er trug das Ei zwischen den Zähnen, und er warf es in den Sand. Iwan-Zarewitsch nahm das Ei und zerbrach es, und er nahm die Nadel und brach die Spitze ab. Und der unsterbliche Koschtschej, sosehr er sich wehrte, er musste doch sterben.

Da ging Iwan-Zarewitsch in den Palast des Koschtschej, und dort kam ihm Wassilissa, die Allweise, entgegen, und sie küsste ihn auf den Mund. Dann nahm sie Iwan-Zarewitsch bei der Hand, und er zog mit Wassilissa, der Allweisen, in das Reich seines Vaters.

Nun kommt es zur letzten entscheidenden Auseinandersetzung, zum eigentlichen »Heldenkampf«, dem wir in Märchen, Mythen und Sagen immer wieder begegnen und der sich in vielen Variationen bis in unsere Tage erhalten hat, wenn sich beispielsweise der Westernheld kurz vor dem Ende des Films den Bösewichtern zum Kampf zu stellen hat oder im Krimi die abschließende Gangsterjagd beginnt. Es ist die Situation des »Drachenkampfes«, den der Held bestehen muss. Meist steht er einer aussichtslos scheinenden Übermacht gegenüber und erlebt darum Angst und Verzagtheit, und oft dauert der Kampf unendlich lange, weil beispielsweise dem geköpften Drachen immer wieder neue Köpfe nachwachsen. Auch Iwan hat mit Angst und Verzagtheit umzugehen, und gleich zu Beginn fühlt er sich recht hilflos: Er weiß nicht, wie er die Aufgabe lösen soll, zu den Wurzeln des Eichbaumes vorzudringen. Angesichts des ausgeklügelten Sicherheitssystems ist dies wohl auch verständlich.

Unwillkürlich dachte ich an dieser Stelle an die »Sicherheitssysteme« der Waffenarsenale, mit denen die Machtblöcke unserer heutigen Welt sich umgeben haben und die ihr Leben schützen sollen. Auch sie haben etwas ähnlich Abschreckendes wie Koschtschejs Schutzvorrichtungen. Die Ähnlichkeit ist nicht zufällig: Die Waffensysteme unserer Zeit sind aus derselben ins Extrem gesteigerten einseitigen männlichen Geisteshaltung geboren, die wir in Koschtschej – und Iwan am Anfang des Märchens – verkörpert sehen. Wie wenig sie wirklich sicher sind, das haben wir erlebt, und das sagen heute alle Experten: Mit jeder neuen derartigen Sicherheitsmaßnahme steigt im Grunde die Unsicherheit und die Gefährdung.

Wenn wir dieses in sich verschachtelte Schutzsystem betrachten und daneben Iwan sehen, wie er auf den Pfeilschuss verzichtet und Mitleid hat, den Bären, die Ente und den Hasen schont und den Hecht ins Wasser trägt – wie viel ungeschützter, preisgegebener wirkt er doch! Man kann verstehen, dass er angesichts der Aufgabe verzagt.

Aber es geht alles überraschend einfach (ginge es doch auch so einfach, die furchtbaren »Sicherheitssysteme« unserer Welt loszuwerden!). Die verschonten Tiere eilen als Helfer herbei, immer genau in dem Augenblick, da sie gebraucht werden. Leben geschont statt vernichtet zu haben – das erweist sich jetzt als die wahre Quelle reifer männlicher Kraft, und Iwan steht sie jetzt zur Verfügung. Er hat noch nicht ganz gelernt, dieser neuen, ursprünglichen »Tier-Kraft« zu vertrauen. Verzagtheit droht ihn immer wieder zu übermannen. Aber anders als zu Beginn, da es die Frosch-Frau für ihn machen sollte, bleibt er trotz Angst und Verzagtheit selber dran – und stellt immer wieder mit Überraschung fest, dass er den Aufgaben gewachsen ist, bis er schließlich das Ei zerbricht, so zum Kern vordringt und die Spitze der Nadel kappt. In der spitzen Nadel haben wir ein Symbol »überspitzter«, »überkompensierter« Männlichkeit gesehen, ähnlich wie im Pfeilschuss von Iwan am Anfang. Aus seiner neu gewonnenen urwüchsigen »Tier-Kraft« heraus ist es für ihn nun kein Problem mehr, sich dieser unechten Männlichkeits-Kraft Koschtschejs gegenüber als stärker zu erweisen. Nun kann er endlich den Palast betreten und Wassilissa befreien.

Wassilissa befreien? War das nicht gerade das Fatale, dass er dies versuchte? Hat nicht Wassilissa zu ihm gesagt: »Wehe, was hast du getan?« Und hat nicht der alte Mann gesagt: »Wie konntest du nur … du hast dem Mädchen die Froschhaut nicht gegeben, also konntest du ihr sie auch nicht nehmen!« Ist das nicht eine sehr zerstörerische Idee, die schon unendlich viel Leid über Paare gebracht hat, wenn einer aus dem anderen etwas machen, wenn einer den anderen erlösen wollte? Das wurde doch in der Zerstörung der Froschhaut durch Iwan mehr als deutlich. Dagegen hat wirklich weitergeführt, was Wassilissa getan hat: indem sie nicht der Frosch geblieben, sondern zum Fest als Wassilissa erschienen ist, indem sie sich ihm nicht unterworfen, sondern sich ihm als Schwan entzogen hat. Indem sie das getan hat, was in ihrer eigenen Entwicklung dran war, hat sie das wirklich Wichtige auch für Iwan getan. Das hat zwar Iwan in eine schreckliche Krise gestürzt, aber es hat bei ihm die entscheidenen Schritte in Gang gebracht. Und ähnlich ist es wohl nun auch umgekehrt: Iwan trägt zur Befreiung Wassilissas bei, nicht indem er ihre Froschhaut zerstört, sondern indem er sich selbst entwickelt hat, indem er selbst rund und ganz, indem er selbst erwachsen geworden ist. In diesem Sinn sind wir als Paare aufeinander angewiesen und können ein Stück Erlösung füreinander werden. So, wie wir uns in destruktiven Mustern gegenseitig gefangensetzen – Iwan macht das Frosch-Fräulein immer mehr zum Frosch, und das Frosch-Fräulein macht Iwan immer mehr zum quengelig unzufriedenen Patriarchen –, so fordern wir uns durch eigene Entwicklung gegenseitig heraus und ermöglichen uns die Schritte, die wir ohne den anderen nicht hätten gehen können.

Um hier noch mal auf die dritte Phase der Paarentwicklung, die Phase der Distanzierung, zurückzukommen: Paare, die gelernt haben, diese Phase nicht gegeneinander zu leben, schaffen es immer mehr, die eigenen Schritte in der individuellen Entwicklung des andern nicht als gegen sich gerichtet zu erleben, sondern als Anspruch und Herausforderung zu eigenen Entwicklungsschritten. Insofern inspirieren sie sich auch in dieser Distanzierungsphase gegenseitig, und wenn dieser Prozess auch von Auseinandersetzung und Kampf bestimmt ist, ist dies doch nicht ein unfruchtbarer Streit, in dem die beiden immer wieder auf derselben Stelle treten, sondern ein Streit, der beide immer wieder voranbringt und vorantreibt. Das Märchen schildert eine lange, lange Zeit, in der beide ihren Weg getrennt gehen mussten. So lange wird es in der Realität meist nicht nötig sein, aber so lange mag es den Betroffenen gleichwohl durchaus erscheinen. Es wäre so schön, doch wieder zusammen zu kuscheln, so wie es früher war, mit dem alten oder mit einem neuen Partner! Aber es muss anders sein: Der Weg der Individuation muss gegangen werden, um dann – mit dem alten oder einem neuen Partner – in ein neues Stadium der Vereinigung, die vierte und fünfte Phase, einzutreten.

»Da ging Iwan-Zarewitsch in den Palast des Koschtschej, und dort kam ihm Wassilissa, die Allweise, entgegen.« Iwan hat nun seinen Beitrag zur Erlösung Wassilissas und zu ihrer Verwandlung von der Frosch- und Schwangestalt zur »Allweisen« geleistet. Er hat durch seine eigene Mann-Werdung den Bann Koschtschejs gebrochen: Er betritt den Palast, den väterlichen Bereich. Indem er als Mann, der bereit und fähig ist, auch einer starken Frau standzuhalten, Wassilissa gegenübertritt, kann sie sich ihm als Wassilissa, in der Vollgestalt ihres Frau-Seins, zeigen.

Zuerst also »musste« Wassilissa sich trennen, damit sich Iwan auf seinen Entwicklungsweg begeben konnte. Dann aber »musste« Iwan seinen Heldenkampf führen – mit Baba Jaga und mit Koschtschej –, damit Wassilissa der letzte Schritt der Verwandlung möglich wurde. Jeder muss es selber machen, dennoch sind wir aufeinander angewiesen. Ohne Emanzipation der Frauen kein Erwachsenwerden der Männer, aber auch umgekehrt: Ohne Emanzipation der Männer kein Reif- und Erwachsenwerden der Frauen. Die Entwicklung zur eigenen Vollgestalt als Mann und als Frau dient nicht der »Autarkie«, der Selbstgenügsamkeit. Der androgyne Mensch, der »männlich« und »weiblich« so in sich vereint, dass er auf den anders-geschlechtlichen Partner nicht mehr sehnsüchtig bezogen ist, ist kein Ideal, sondern eine Zwittergestalt, eine Missgeburt.[22] Die Entwicklung zum Mann, der seine weiblichen, und zur Frau, die ihre männlichen Anteile entfaltet und integriert hat, dient einer Ganzheit, der wir uns nur im ergänzenden Miteinander annähern. Zielbild einer Gesamtentwicklung ist nicht das selbstgenügsame Individuum, sondern die Gemeinschaft liebender Menschen. So gesehen bekommt »das Paar« einen endgültigen, transzendenten, göttlichen Charakter, den es in vielen Religionen auch hat und der sogar in der patriarchal und individualistisch geprägten Religion des Christentums in der Verehrung Gottes als des Dreifaltigen und in der Gestalt des Heiligen Geistes, der ja weibliche Züge trägt, seine Spuren hinterlassen hat.[23]

Der Reifungsprozess von Mann und Frau ist in die Verantwortung eines jeden einzelnen gestellt und ist zugleich nur als gemeinsamer Prozess möglich, oder er muss misslingen. Jeder hat seine individuellen Entwicklungsaufgaben zu erfüllen, so wie Iwan und Wassilissa, und jeder tut dies zugleich für den anderen: weil er ihm so zur Einladung, Herausforderung, zum Stein des Anstoßes für die eigene Entwicklung wird.

Iwan und Wassilissa auf der Schwelle des Palastes: Eine neue Phase der Paarbeziehung zeichnet sich hier ab. Nach der dritten, der Phase der Distanzierung, ist damit eine neue, vierte Phase der Wiederannäherung ausgedrückt. Sie ist meistens durch vorsichtig zögernde Kontaktaufnahme gekennzeichnet, zum bisherigen oder zu einem neuen Partner. »Neu« muss im übrigen auch der »bisherige« Partner sein, gewandelt durch seinen eigenen Entwicklungsprozess, sonst gibt es keine neue Phase in der Beziehung. Das ist der Grund, warum Trennung manchmal – aus psychischen und auch ethischen Gründen – notwendig wird. Wenn nur einer der Partner sich entwickelt hat, kann es keine wirkliche Partnerschaft mehr geben. Ein Zusammenbleiben ist dann nur noch um den Preis der eigenen seelischen und leiblichen Gesundheit möglich.

In dieser Phase der Wiederannäherung probieren die Partner aus, ob sich die neu gewonnene Freiheit und Autonomie nun auch in die neue Form der Beziehung einbringen lässt, in welcher Weise und unter welchen Bedingungen. Vorsicht ist nötig, weil sich die alten Muster blitzschnell wieder einstellen. Koschtschej, der Unsterbliche, lebt blitzschnell wieder auf. Oft gehen die Partner in dieser Phase darum auch sehr viel nüchterner miteinander um als in der Phase der Verliebtheit. Die Beziehung ist nicht mehr von jener fatalen »Nötigung« bestimmt, wie sie Iwan im Sumpf vom Frosch erfahren hat. Man handelt regelrecht einen neuen Beziehungsvertrag bezüglich der verschiedenen Lebensbereiche wie Geld, Sexualität, Freunde, Freizeit, Kinder und so weiter aus, um so ein Gegengewicht zu bilden gegenüber der immer noch wirksamen Tendenz zu unbewussten destruktiven Beziehungsverträgen, in denen die zerstörerischen Anteile des Lebensskripts der beiden sich miteinander verbinden.

»Sie küsste ihn auf den Mund. Dann nahm sie Iwan-Zarewitsch bei der Hand, und er zog mit Wassilissa, der Allweisen, in das Reich seines Vaters.« Da im Märchen immer letztendlich alles gut ausgeht, mündet die hier nur kurz angedeutete Phase der Wiederannäherung sehr schnell in die fünfte Phase, die wir die Phase der Vereinigung auf einer Stufe größerer Reife genannt haben. Im Märchen ist diese größere Reife einmal dadurch angedeutet, dass die beiden sich nun wirklich in ihrer Vollgestalt gegenüberstehen. Wassilissa als Allweise und Iwan als siegreicher Held. Der Kuss besiegelt ihre Vereinigung. Zum andern drückt sich die größere Reife darin aus, dass beide sich jetzt einem »Dritten«, dem Reich des Vaters, zuwenden, indem sie ihm in der Regierung nachfolgen werden. Nun übernehmen sie die Aufgabe der vorangegangenen Generation und treten damit in die väterlich-mütterliche Rolle für die nachfolgende Generation ein. Dies ist die Phase der gemeinsamen Schöpferkraft und Fruchtbarkeit, die Phase der »Generativität?«[24]

Nicht bei dem archetypischen Heldenpaar des Märchens, aber bei uns anderen Paaren sind in dieser fünften Phase natürlich immer noch und immer wieder auch unreife Verschmelzungswünsche nach frühkindlicher Symbiose mit Mutter und Vater enthalten. Deshalb sind wir »gewöhnlichen Paare« in der fünften gleichsam wieder zur ersten Phase der symbiotischen Verschmelzung zurückgekehrt, und eine neue Runde muss beginnen, freilich auf einer neuen, eben reiferen Stufe.

Wir werden uns im Prozess von Iwan und Wassilissa zwar immer wieder erkennen, trotzdem wird sich unser weiterer Prozess in seinem Charakter wandeln. Es wird auch in der Verschmelzungsphase schon mehr Autonomie und Freiheit Platz haben, die Phase des Widerstands wird weniger unbewusst und feindselig verlaufen, und die Distanzierungsphase wird weniger gegen den andern durchzufechten sein. Reifende Paare schaffen es immer mehr, sich in ihrem Prozess der Individuierung gegenseitig zu fördern und zu unterstützen, anstatt sich zu bekämpfen und miteinander zu konkurrieren. Damit vollzieht sich ein Prozess, der in sich paradox ist: Je autonomer wir werden, desto intensiver erleben wir Vereinigung, und je tiefer die Vereinigungserfahrung wird, desto freier und autonomer erleben wir uns in uns selbst. So nähern wir uns dem Geheimnis unserer Erfüllung an: der »coincidentia oppositorum«, der endgültigen Vereinigung der Gegensätze. Darum sind Iwan und Wassilissa als Paar ein religiöses Symbol, und darum hat unser Weg als Paar, ob wir es wissen und wollen oder nicht, eine religiöse Dimension.

Anmerkungen

1 H. Jellouschek, Der Froschkönig. Ich liebe Dich, weil ich Dich brauche, Zürich 1988[6].

2 Zur allgemeinen Einführung in die Welt der russischen Märchen ist sehr hilfreich V. Kast, Frau und Mann im russischen Märchen, in: P.M. Pflüger (Hrsg.), Freund- und Feindbilder. Begegnung mit dem Osten, Olten 1986, S.145–173.

3 Zarin Frosch, nacherzählt von Sigrid Früh, in: B. Stamer (Hrsg.), Märchen von Nixen und Wasserfrauen, Fischer Taschenbuch 2873, Frankfurt 1987, S. 126–131.

4 Dieser Satz ist in der angegebenen Quelle nicht enthalten, wohl aber in anderen deutschen Nacherzählungen. Nach mündlicher Mitteilung von S. Früh gehört er hier eingefügt.

5 H. Jellouschek, Semele, Zeus und Hera. Die Rolle der Geliebten in der Dreiecksbeziehung, Zürich 1988[2], Seite 91–103.

6 Vgl. zu dem hier geschilderten »komplementären Beziehungsmuster« R. Welter-Enderlin, Konflikt und Gewalt in Paarbeziehungen, in: P. M. Pflüger (Hrsg.), Das Paar. Mythos und Wirklichkeit. Neue Werte in Liebe und Sexualität, Olten 1988, S. 66–77.

7 Die Gestalt des Iwan, so wie ich sie hier sehe, trägt viele Züge des »Ewigen Jünglings«. Vgl. dazu M.-L. von Franz, Der ewige Jüngling. Der Puer Aeternus und der kreative Genius im Erwachsenen, München 1987.

8 B. Stamer, a. a.O., S.36.

9 Mündliche Mitteilung von S. Früh.

10 H. Jellouschek, Der Froschkönig, S. 68–72.

11 Ebd. S. 63f.

12 Stellvertretend für alle nenne ich hier ihr erstes und bekanntestes Buch: A. Miller, Das Drama des begabten Kindes und die Suche nach dem wahren Selbst, Frankfurt 1979.

13 Unter »Skript« versteht E. Berne, der Begründer der Transaktionsanalyse, den – unbewussten – Lebensplan, den wir in unserer Kindheit unter Einfluss und nach dem Lebensmodell unserer Herkunftsfamilie in Grundzügen festgelegt haben und der wichtige Entscheidungen, z. B. unsere Partnerwahl beeinflusst oder sogar in manchen Fällen festlegt. Vgl. dazu E. Berne, Was sagen Sie, nach-

dem Sie guten Tag gesagt haben? Psychologie des menschlichen Verhaltens, München 1975; L. Schlegel, Die Transaktionale Analyse, UTB Große Reihe, Tübingen 1988³, S. 171–237.

14 M.-L. von Franz, a. a.O., S. 114–120.

15 H. Schenk, Freie Liebe – wilde Ehe. Über die allmähliche Auflösung der Ehe durch die Liebe, München 1987. Darin zeigt die Autorin, dass der Anspruch auf gefühlsmäßige Liebe erst seit dem 18. Jahrhundert, der Zeit der Romantik existiert.

16 M.-L. von Franz, a. a.O., S. 243.

17 E. Berne, Transactional Analysis in Psychotherapy. A Systematic Individual and Social Psychiatry. New York 1961, S. 236; H. Jellouschek, Der Froschkönig, S. 95–100.

18 A. Miller, a. a.O., z. B. S. 29f.

19 Alternativ oder ergänzend zu männlicher therapeutischer Hilfe sei hier auf den Austausch in Männergruppen hingewiesen. Vgl. dazu W. Hollstein, Nicht Herrscher, aber kräftig. Die Zukunft der Männer, Hamburg 1988, besonders das Kapitel XI, »Orte der Brüderlichkeit«, S. 206–238.

20 Ebd. S. 244–252. W. Hollstein zitiert und kommentiert in diesem Zusammenhang das Grimmsche Märchen vom »Eisenhans«.

21 V. Propp, Die historischen Wurzeln des Zaubermärchens, München 1987, S. 67–74.

22 Dies sage ich ausdrücklich gegen die Grundtendenz des Buches von E. Badinter, Ich bin Du. Die neue Beziehung zwischen Mann und Frau oder die androgyne Revolution, München 1988².

23 Vgl. dazu H. Wöller, Ein Traum von Christus. In der Seele geboren, im Geist erkannt, Stuttgart 1987, besonders das Kapitel über die »Sophia«, S. 175–195; W. Schubart, Religion und Eros, hrsg. von F. Seifert, München 1978, besonders Kapitel 10, Die Heimkehr des Eros zu den Göttern, S. 264–288.

24 E. H. Erikson, Identität und Lebenszyklus. Drei Aufsätze, Suhrkamp Taschenbuch Wissenschaft 16, Frankfurt 1966, S. 151.

Die Deutsche Bibliothek – CIP-Einheitsaufnahme
Bibliografische Information der Deutschen Bibliothek
Die Deutsche Bibliothek verzeichnet diese Publikation in der Deutschen Nationalbibliografie; detaillierte bibliografische Daten sind im Internet über http.//dnb.ddb.de abrufbar

Neugestaltete Ausgabe des erstmals 1989 im Kreuz Verlag Zürich und 2001 im Kreuz Verlag Stuttgart erschienenen Titels

Kreuz Verlag, Stuttgart
in der Verlagsgruppe Dornier GmbH
Postfach 80 06 69, 70506 Stuttgart

www.kreuzverlag.de
www.verlagsgruppe-dornier.de

Umschlaggestaltung: Petry & Schwamb, Agentur für Marketing und Verlagsdienstleistungen, Freiburg
Umschlagbild: © Oliver Pelzer/Corbis
Satz: de·te·pe, Aalen
Druck und Bindung: Clausen & Bosse, Leck

ISBN 3-7831-2861-7
ISBN 978-3-7831-2861-1